AF456867

HISTOIRE

DE LA

Révolution de la Partie Française

DE SAINT-DOMINGUE.

Seconde Livraison.

SIXIEME LETTRE.

Baltimore, le 25 Octobre 1793.

MONSIEUR,

J'AI exposé dans ma précédente, la nature des troubles et des malheurs, auxquels la Colonie de St.-Domingue était en proie, depuis le 23 Août 1791 ; il était facile d'en arrêter le cours ; il suffisait que l'Assemblée Coloniale, en vertu du décret du 24 Septembre de la même année, prononçât sur l'état des affranchis : la loi lui en imposait l'obligation ; l'intérêt de la Colonie l'exigeait ; M. de Blanchelande, en qualité de gouverneur, le Commissaire Roume, en vertu de sa mission, devaient presser les représentans de la Colonie, de remplir ce devoir sacré, disposer les affranchis à la résignation, et les contraindre, par la persuasion, ou même par la force, à mettre fin à la guerre civile.

J'ai développé les motifs de cette inaction ; elle excitait un mécontentement général. Au mois de Mars, M. Blanchelande se détermine à presser l'Assemblée Coloniale de de prononcer : elle promet, et fixe à l'epoque du 1 Mai, l'ouverture de la discussion des bases constitutionnelles, de la forme du gouvernement et de l'administration propres á la Colonie : l'état des affranchis nègres et mulâtres formait la première de ces bases. (*)

Ce

(*) Je doute que l'Assemblée Coloniale eut réussi sur cet article ; la majorité de cette Assemblée paraissait dans l'intention d'effacer toute distinction entre le blanc et le quarteron et d'accorder des avantages beaucoup moins sensibles aux nègres libres, et francs mulâtres de plusieurs générations : une pareille décision aurait été contre les vues du décret du 15 Mai 1791 ; en effet ce décret avait considéré les dégrés d'affranchissement, *ce qui était juste* ; la distinction, qui paraissait de-

Ce jour ſi déſiré arrive; mais on reçoit à cette même époque, la nouvelle du décret rendu par l'Aſſemblée légiſlative, avec aſſurance que ſa ſanction n'éprouvera point de difficultés ; que l'envoi officiel de cette nouvelle loi ne tardera pas à être effectué ; que de nouveaux Commiſſaires Civils ſeront envoyés pour ſon exécution, avec un gouverneur et une force ſuffiſante de troupes de ligne et Gardes Nationales, pour mettre un terme à la révolte des eſclaves, détruire l'anarchie et rétabli l'ordre et la tranquillité.

Alors la diſcuſſion annoncée, eſt ſuſpendue, *pour ne plus être agitée* : un nouvel ordre de choſes ſe préparait, il était le fruit des manœuvres de la Propagande : cette ſecte avait réſolu la ruine des Colonies ; tout était préparé, pour la réuſſite de ſon projet ; elle ne négligeait rien, pour en accélérer l'exécution.

Pour bien juger les événemens, je dois obſerver que les principaux chefs de la Propagande ſiégeaient dans l'Aſſemblée Nationale (1) ; qu'ils y avaient une prépondérance marquée; qu'ils avaient la plus grande influence dans les opérations du miniſtère preſque généralement compoſé de leurs partiſans, de leurs amis, et même de leurs affiliés. (2)

Leurs

---

voir être adoptée par l'Aſſemblée Coloniale, conférait au fils de la mulâtreſſe, *eſclave*, les droits et qualité du blanc, lorſqu'il était ſimple affranchi ; tandis quelle privait de cet avantage le franc mulâtre et le nègre libre de pluſieurs générations, *ce qui était contre l'équité et l'eſprit de la loi.*

(1) Briſſot, Condorcet et autres, dont la profeſſion de foi était connue ; leurs écrits annonçaient leurs vues, pour l'abolition abſolue de l'eſclavage, et l'affranchiſſement de toute ſervitude forcée.

(2) Les Miniſtres Clavière et Rolland de la Platière, que le Roy avait été contraint de choiſir, ſont de la ſecte de la Propagande et les intimes amis, les confidens de Briſſot et Condorcet.

Leurs émissaires, dans la Colonie, étaient nombreux, ils les instruisaient avec exactitude, de tous les événemens qui s'y passaient ; des intrigues, par lesquelles ils étaient parvenus à paralyser le décret du 24 Septembre ; de la disposition des esprits ; des haines, des animosités fomentées, pour soutenir la division des deux partis, qui partageaient les Colons blancs, du devouement passif et absolu des hommes de couleur, qui ne voyaient dans cette secte, que des protecteurs ; de la fermeté, de l'enthousiasme des esclaves, qui persistaient dans leur révolte, persuadés qu'ils prenaient en main la cause de la religion et de la monarchie ; ces mêmes émissaires leur présentèrent avec force, le danger qu'il y avait à laisser l'Assemblée Coloniale arbitre du sort des affranchis ; l'obligation où se trouverait le gouverneur de sommer cette Assemblée de remplir la mission qui lui était confiée, de forcer les hommes de couleur à la soumission au décret du 24 Septembre, si l'autorité suprême de l'Assemblée Nationale ne venait à leur secours.

Ces avis suffisaient pour déterminer à des résolutions vigoureuses : alors les députés Propagandistes proposent à la discussion, l'objet des Colonies ; l'Assemblée constituante les avait déclarées hors de la constitution, parce qu'elle avait reconnu que les localités et le genre de culture exigeaient des modifications à la loi constitutionnelle de France ; c'était d'après cette conviction, qu'elle s'était contentée de décreter de simples instructions, uniquement à titre de renseignemens propres à faciliter le travail des Assemblées Coloniales sur la rédaction des loix relatives à leur régime intérieur : cette marche était juste ; l'exemple des Etats-Unis en prouvait la bonté ; (1) le décret du 24 Septembre en avait été la conséquence.

Les

(1) La constitution générale des Etats-Unis de l'Amérique est une, pour tous les états qui composent la République ; mais chaque état a sa constitution particulière, adaptée à ses convenances et localitéas : l'esclavage à lieu dans les uns, il est mitigé dans plusieurs, dans quelques autres il n'existe pas : cette diversité de systêmes ne nuit, nullement

Les philantropes de *l'Assemblée Legislative*, critiquèrent cette conduite : peu satisfaits des dispositions du décret du 15 Mai, dont l'acceptation aurait ruiné leurs espérances ; irrités de celles du décret du 24 Septembre, qui devaient naturellement anéantir leurs projets, ils exposèrent que, si la constitution, adoptée par la Metropole, exigeait des modifications, en faveur des Colonies, ces modifications étaient incontestablement de la compétence de l'Assemblée Nationale qui n'avait ni pu, ni du déléguer son droit aux parties interessées ; que le décret du 24 Septembre, étant postérieur à la confection de la constitution et à son acceptation par le Roi, était un acte d'Assemblée Législative, pour lequel l'Assemblée Constituante n'était pas compétente ; qu'ainsi ce décret était susceptible de révision, comme illégal et inconstitutionnel ; que l'inaction de l'Assemblée Coloniale, depuis l'envoi officiel de ce décret, avait provoqué de nouveaux troubles, les malheurs d'une guerre civile aussi cruelle qu'immorale, et prouvait le danger de confier, aux Colonies, la rédaction des bases constitutionnelles qui devaient les régir ; que dans ces conjonctures il était indispensable qu'une nouvelle loi réglât définitivement le sort des citoyens qui n'étaient point encore représentés, et qu'une Assemblée Coloniale, formée sur les principes justes et naturels de l'égalité, fut simplement chargée de proposer au Corps Législatif, le mode de gouvernement et d'administration qu'elle croirait le plus avantageux, sans néanmoins avoir le droit de rien statuer sur les bases générales, et sur les objets qui interessaient le Commerce et la souveraineté de la Métropole. D'après cet exposé, les philantropes mirent en avant, et firent adopter le décret si connu sous le nom de loi du 4 Avril 1791.

Leurs émissaires étaient persuadés, & les avaient asuré que

---

nullement à l'union, à la bonne harmonie ; il était juste et naturel d'adopter les mêmes principes, relativement aux Colonies, à l'existence, à la culture desquelles l'esclavage est de première nécessité, et qui ne peuvent admettre, comme bases constitutionnelles, les principes de liberté, d'égalité, que professe la Propagande.

que cette loi ne ſerait jamais acceptée ; dès lors les Colons devenaient rebelles ; il fallait déployer contr'eux l'autorité ſouveraine, & ces nouveaux déſordres devaient amener des proſcriptions, des banniſsemens, des confiſcations de biens, & par ſuite, l'affranchiſsement des eſclaves, l'abolition abſolue de la ſervitude, objet unique des vues de la Propagande.

Telles étaient les eſpérances de ces hommes féroces qui cachaient ſous les dehors trompeurs de la juſtice & de l'humanité, le projet atroce d'exterminer la claſse nombreuſe des Français, dont les travaux infatigables vivifiaient le commerce, la marine, les manufactures de la Métropole.

Pour ne point échouer dans leur projet, il fallait en confier l'exécution à des ſcélérats dont le caractère dur ne ſerait jamais rebuté par les difficultés, incapables de pitié, & qu'aucune conſidération ne pourrait arrêter ; il fallait qu'ils fuſſent ſecondés d'une force armée qui ſerait entièrement à leur diſpoſition, & que cette force, *envoyée ſous le prétexte apparent d'opérer la réduction des eſclaves*, ne pût être miſe en mouvement par le chef du pouvoir exécutif & ſes ſubordonnés, ſans le concours des Commissaires ; il fallait enfin, pour prolonger la confianee & l'illuſion des Colons, conſerver le nom de gouverneur général, maintenir l'éclat ordinaire du pouvoir exécutif, dans le choix des commandans particuliers, mais ſous la condition que les uns & les autres n'exerceraieut aucun acte de l'autorité qui leur était confiée, qu'à la réquiſition & du conſentement de ces mêmes Commissaires.

Leurs vues ſe dirigèrent ſur deux hommes bien propres à remplir une pareille miſſion. Polverel et Sonthonax furent déſignés et choiſis ; M. Ailhaud fut le troiſième : il n'était pas dans les principes de ſes collégues ; mais ſon opinion particulière n'inquiètait pas ; ſon rôle devenait paſſif, puiſqu'il était contraint de céder à la majorité : le ſecrétaire de la Commiſſion, Delpech, était du choix de Polverel, il fit nommer ſon fils pour ſecrétaire adjoint ; et lorſque je fus inſtruit de ces nominations, je ne doutai pas que la ruine de la Colonie ne fut décidée. [1]

Cependant

---

(1) Polverel eſt un des plus ardens philantropes ; il était avocat

Cependant les chefs de la Propagande n'eurent pas la même influence dans le choix des officiers supérieurs ; M. Collot fut nommé gouverneur général ; mais lorsqu'il apprit que deux scélérats, de la trempe de Polverel & Sonthonax, devaient passer en qualité de Commissaires, il exposa franchement, au ministre, les motifs qui devaient faire annuller un pareil choix, & donna sa démission, dans le cas où il serait confirmé : Brissot, Condorcet & les ministres de leur parti, ne voulurent point renoncer à leurs nominations ; dès lors il fut question de remplacer M. Collot. (1)

Plusieurs concurrens se présentèrent ; enfin le choix tomba sur M. d'Esparbès ; âgé de 72 ans ; il annonçait la droiture & la franchise d'un ancien militaire ; mais des infirmités, une santé valétudinaire firent penser qu'il serait hors d'état de

---

avocat à Bordeaux, d'où il a été chassé ; réfugié à Paris, il n'a jamais obtenu que le mépris de ses collègues ; mais il brillait avec Clavières, Brissot & autres, dans le club des Jacobins ; il était un des grands orateurs de la secte des Philantropes.

Sonthonax était le commis à gages du folliculaire Prudhomme, auteur du Journal des Révolutions de Paris : ce misérable était un de ces êtres vils, qui, pour de l'argent, font tous les métiers, & vendent leur plume à qui veut les payer.

Lorsqu'on apprit leur nomination, on me demanda mon opinion sur ces deux hommes investis d'un pouvoir immense : mon avis fut de les arrêter à leur arrivée, & de les renvoyer en France. Que n'a-t'il été suivi !

(1) Dans un de ses journaux, Sonthonax eut l'impudence d'annoncer son opinion & de publier hautement les projets de la Propagande, en faisant leur éloge : M. Collot, appuyé de ce journal, demanda que la nomination de Sonthonax fut révoquée ; il ne pût l'obtenir, & donna sa démission. C'est un fait que je tiens de M. Collot.

de luter contre les Commissaires, qu'il se bornerait à l'exécution de leurs ordres & de leurs volontés. Les trois commandans de provinces n'inquiétaient pas, ils étaient subordonnés au gouverneur; ainsi leurs sentimens personnels ne pouvaient rien contre les dispositions des Commissaires, lorsque ces derniers seraient les maîtres de diriger à leur gré, la conduite du gouverneur général. [1]

Pendant que ces manoeuvres se passaient en France, la loi du 4 Avril 1792 arriva officiellement à Saint-Domingue, tant au gouverneur, qu'à la Commission Civile, dont il ne restait plus qu'un des membres, avec l'ordre positif de préparer les mésures nécessaires à son exécution.

La première disposition de cette loi était la dissolution des Municipalités, des Assemblées Coloniale et Provinciales, pour lors existantes, et la convocation d'Assemblées Primaires, à l'effet de procéder à une nouvelle formation des Corps Populaires, et d'une Assemblée Coloniale, sur les principes de la nouvelle loi.

Les Commissaires, *dont le prochain départ était annoncé*, devaient examiner, si les Assemblées Primaires avaient été formées sur les bases décretées; si les nominations avaient été légales: *dans ce cas*; ils devaient confirmer leurs existance, et presser l'Assemblée Coloniale de s'occuper des travaux qui lui étaient confiés: *dans le cas, contraire*, leurs pouvoirs les autorisaient à suspendre l'Assemblée Coloniale et les Corps Populaires, formés depuis la notification, de la loi, à convoquer de nouveau, des Assemblées Primaires, pour parvenir

---

[1] Ces trois commandans étaient M. d'Hinnisdal, pour la partie du Nord; M. de Fésenzac, pour celle du Sud; M. de Lassalle, pour celle de l'Ouest. Je ferai connaître dans mes subséquentes, par quels moyens les Commissaires ont privé la Colonie des deux premiers, & comment ilsont fait du troisième un mannequin de gouverneur général *par interim.*

venir à de nouvelles compositions, sur les principes *constitutionnels* de cette loi. [1]

Le Ministre et les députés Propagandistes de l'Assemblée Législative, lors de l'envoi officiel de cette loi, étaient persuadés qu'elle exciterait une indignation générale, un soulévement universel, et que le chef du pouvoir exécutif serait contraint d'employer la force, pour la faire accepter : M. de Blanchelande, lui-même, était dans cette opinion ; il connaissait, à la vérité, les dispositions des propriétaires, pour une parfaite résignation, mais il craignait la plus grande résistance de la part des Patriotes, ou Républicains, *non propriétaires en grande partie.*

Cependant à la première nouvelle de cette loi, il ne put méconnaître la disposition générale de la partie du Nord, pour son acceptation ; mais il pensa que, si les habitans de de cette partie, fatigués de la situation pénsibles et ruineuse, où les réduisait la révolte des esclaves, se déterminaient spontanement, au sacrifice complet des anciens préjugés [1] il

---

[1] L'article 1er. de la loi du 4 Avril, 1792 ordonne expressément la dissolution de l'Assemblée Coloniale et des Corps Populaires, *actuellement* existans ; la convocation d'Assemblées Primaires composées de tous les hommes libres, ayant six mois de domicile : les articles subséquens conférent aux *nouveaux* Commissaires le droit d'examiner si les nominations des *neuveaux* Corps Populaires sont conformes à la loi : dans le cas contraire, ils sont autorisés à la dissoudre &c. &c. ; ainsi rien ne devait arrêter l'exécution des premiers articles de la loi : cette exécution devait précéder l'arrivée des *nouveaux* Commissaires.

[2] Les Colons de la partie du Nord, voyaient avec peine la révolte de leurs esclaves prendre journellement de la consistance : les mulâtres de cette partie étaient peu riches, conséquemment moins insolens : les Colons de cette partie étaient, par ces motifs, déterminés à tous les sacrifices qui seraient exigés d'eux, pour une sincère reunion.

il n'en ſerait pas de même de celles de l'Oueſt et du Sud, où la guerre civile avait porté les animoſités a l'excès ; dans leſquelles le parti Populaire avait la prépondérance, et témoignait la plus grande répugnance pour une concurrence avec les affranchis.

La notification de cette loi ne préſageait donc pas le retour conſtant de la tranquillité ; car ſon refus, comme ſon acceptation, pouvait ſuſciter de nouveaux troubles, continuer la guerre civile, ou conſommer la perte de la Colonie : c'eſt une vérité que démontrera complètement l'expoſé des diſpoſitions dans leſqu'elles étaient les trois partis qui partageaient la Colonie.

Les hommes ſenſés et les honnêtes propriétaires formaient celui du gouvernement ; ils ne ſe faiſaient point illuſion ; ſur l'orgueil des affranchis, ſur le ridicule de leurs prétentions ; mais il ſçavaient que ces hommes criminels, fauteurs des premières révoltes et des inſurrections partielles qui les avaient ſuivies, étaient capables des plus grands excès ; que les affinités, les liaiſons de cette caſte, avec celle des eſclaves, la mettait en pouvoir de continuer les incendies, la ruine des propriétés, et de provoquer le ſoulèvement général de tous les atteliers. Dans une circonſtance auſſi critique, ce parti devait néceſſairement rechercher les hommes de couleur, flatter leur amour-propre et leur ambition : il était d'autant plus porté à tenir cette conduite ſage et politique, qu'il redoutait, *avec raiſon*, l'effervefcence des patriotes dont l'enthouſiaſme et les prétentions ne tendaient à rien moins qu'à bouleverſer la Colonie, à lui faire partager les extravagancer de la métropole, *infiniment dangereuſes dans un pays d'eſclavage* ; et qu'il y avait tout à craindre, pour les propriétés de tout genre, ſi les républicains parvenaieut à fortifier leur parti, de celui des affranchis : il était donc essentiel de prévenir les patriotes, de s'aſsurer des mulâtres, pour étre en état de ſoutenir l'autorité légitime du gouvernement ; ce moyen était le ſeul qui put garantir la Colonie des malheurs de la révolution, juſqu'à l'époque, où de ſages réflexions, ſubſtituées à l'enthouſiaſme inſéparable des nouvautés, auraient ramené la tranquillité, rétabli les droits impreſcriptibles de la monarchie : alors il était évident que les mulâtres auraient reconnu la folie, l'inutilité de leurs prétentions, qu'ils ſe feraient contentés

tés de la jouissance des droits d'une classe intermédiaire, *qui n'aurait jamais dû oublier le bienfait inappréciable de la liberté.*

Les patriotes ou pour mieux dire les républicains formaient un parti déclaré contre les anciennes autorités et le gouvernement. Composé de la populace des villes & des bourgs, il était dirigé par quelques propriétaires perdus de dettes, ou par quelques ambitieux qui voulaient dominer, qui cherchaient à profiter, pour leur avantage personnel, de la révolution, et dont la vanité ne pouvait être satisfaite, que par l'avilissement du pouvoir exécutif. Ce parti n'etait pas moins effervescent que les patriotes de la Métrople; il avait pour les grands planteurs, la haine qui se manifestait en France, contre la noblesse, le clergé et les grands propriétaires ; il ambitionnait sinon une scission absolue de la mère patrie, au moins une indépendance effective du gouvernement et l'envahissement de tous les pouvoirs, à l'instar de l'Assemblée Nationale : il voyait avec dépit, l'espèce d'union qui regnait entre les mulâtres & les planteurs ; il etait flatté de l'établissement des Corps Populaires, mais il ne cachait point sa répugnance, pour y admettre des affranchis, & cherchait à rendre nul l'exercice de leurs droits politiques, en les écartant de toutes nominations ; enfin il saisissait avec empressement, toutes les occasions d'humilier cette caste non moins orgueilleuse, que criminelle.

Les mulâtres et nègres libres n'étaient pas dans des sentimens plus favorables aux propriétaires : coupables des premiers troubles, auteurs et fauteurs des insurrections, des massacres et des incendies qu'ils dirigeaient à leur gré, ils ne pouvaient se persuader que la masse des Colons serait assez généreuse, pour oublier leurs forfaits : l'insolence de leurs chefs, fiers de l'appui dont ils pouvaient être pour le gouvernement, se manifestait indécemment, vis-à-vis des principaux agens du pouvoir exécutif ; ces scélérats, magnifiquement salariés par les contributions qu'ils levaient sur les affranchis, en vertu du don patriotique de six millions tournois, accepté par l'Assemblée Nationale ; (1) enrichis par

(1) J'ai parlé, dans mes lettres précédentes, de l'offre faite

par leurs intelligences avec les esclaves révoltés, (1) voyaient avec une joie qu'ils ne pouvaient déguiser, les animosités irréconciliables qui divisaient les citoyens blancs : ils affectaient le plus souverain mépris, pour les Corps Populaires, dans lesquels ils étaient humiliés de ne point être admis ; enfin ils n'ambitionnaient l'appui du gouvernement et de ses partisans, que dans la vue d'opprimer les patriotes ; bien résolus d'employer, après l'anéantissement de ce parti, tous les moyens utiles, ou nécessaires à leurs vues criminelles.

Dans une situation aussi délicate, Mr. de Blanchelande, avec des moyens trop faibles, pour soutenir la Colonie, dont il prévoyait la ruine absolue, s'il ne parvenait à réprimer l'effervescence des patriotes, crut ne devoir négliger aucun moyen propre à les contenir ; les mulâtres présentaient une force capable de le seconder dans ce dessein ; il se la ménageait en favorisant leur union avec les partisans du gouvernement

Je conviens que cette mésure pouvait être dangéreuse dans ses consequences ; mais si l'on fait attention que la Révolution de France entraînait irrésistiblement, la perte des Colonies, dont l'existence est inconciliable avec les principes de liberté, d'égalité professé par les républicains philantropes ; si on se représente l'espérance fondée que l'on avait du prochain rétablissement des droits de la monarchie ; on conviendra sans peine, qu'il était à présumer que le gouvernement ne tarderait pas à reprendre l'autorité convenable, et qu'alors les mulâtres auraient été forcés de renoncer à ce qu'il y avait d'exagéré dans leurs prétentions.

Tel

---

faite de ce don patriotique, de sa nullité pour le trésor national, et de la véritable destinait de ce subside.

(1) Il est de fait positif, et je suis en état de donner la preuve matérielle, que le nommé Joseph, chef des brigands qui ont devasté les paroisses du Gros Morne, de Jean Rabel, du Port-de-Paix, n'était que l'agent de Pinchinat, avec lequel il

Tel a, vraisemblement, été le motif de la conduite de M. de Blanchelande ; et sous ce rapport, elle me paraît plus digne d'éloges que de blâme ; mais il n'avait pas l'énergie nécessaire, pour soutenir un rôle aussi difficile ; il le sentit, et crut suppléer à son insuffisance, en implorant l'appui du Commissaire Roume ; il n'avait pas su démêler le caractère de cet homme habile et capable de tous les crimes, pour assurer l'exécution des projets de la Propagande, dont il était le vil suppôt et le mandataire.

Sans doute, il est pénible de dévoiler les erreurs d'un homme estimable, bien intentionné, auquel on ne peut imputer que de la faiblesse, une confiance mal placée en des hommes habitués aux crimes les plus révoltans, une déférence pernicieuse, pour un homme qui ne méritait que le mépris ; mais il importe à toutes les puissances interessées au sort, à la conservation des établissemens européens dans le nouveau monde, de bien étudier le caractère, les moeurs, la capacité des hommes, auxquels sont confiées les rênes du gouvernement, dans ces régions éloignées. La Propagande, je le répète, a des émissaires dans tous les pays ; leur adresse, leurs souplesses, leurs perfides insinuations ont les plus dangereux effets, et parviendraient incontestablement à l'anéantissement de ces établissemens, sans la plus rigoureuse surveillance ; les événemens arrivés sous les derniers mois de l'administration de M. Blanchelande, prouvent cette assertion : je suis bien éloigné de le regarder comme le complice de cette secte abominable, mais sa confiance inconsidérée dans les chefs des affranchis, qui l'éblouissaient par de fausses promesses, sa déférence, sans bornes, pour le Commissaire Roume qui devait au moins être suspect, ont évidemment favorisé les projets de la philantropie; je n'en veux d'autre preuve, que sa conduite relative à l'acceptation de la loi du 4 Avril, dans laquelle il a consenti de ne jouer que le rôle passif d'exécuteur des ordres det es volontés du Commissaire Roume.

La

---

il partageait ses brigandages qu'il faisait passer au Cap par les ports du Moustic du Port-à-Piment, et du Port-à-l'Ecu,

La première démarche de cet homme astucieux devait avoir pour but, d'éviter la réunion des affranchis au parti républicain ; il était à craindre qu'elle ne s'opérât, malgré les anciennes animosités et les haines encore subsistantes, si la dissolution de l'Assemblée Coloniale et des Corps Populaires était effectuée ; si les Assemblées Primaires étaient convoquées pour de nouvelles formations et nominations : c'était le vœu de la loi ; son exécution faisait cesser les causes et le prétexte de la guerre civile ; Roume ne pouvait se le dissimuler ; il eut recours à une intrigue assez habile, pour différer l'exécution de la loi, jusqu'à l'arrivée des nouveaux Commissaires ; elle lui réussit.

L'Assemblée Coloniale, ainsi que je l'ai dit précédemment, avait indiqué, pour le mois de Mai, la discussion des bases constitutionnelles, ont la confection lui était déférée, tant par les instructions du 28 Mars 1791, que par la clause de la constitution, acceptée par le Roi, qui déclarait les Colonies hors de cette constitution, et par le décret du 24 Septembre 1791, conséquence de cette clause juste et précieuse pour les Colonies : son comité de constitution ne voyait pas sans peine, la loi du 4 Avril 1792, qui, mettant un terme aux travaux de l'Assemblée, réduisait ceux de ce comité au triste et faible avantage du dépôt dans les archives ; (1) les membres, qui le composaient, ne se faisaient pas illusion, sur le peu de cas que de nouveaux représentans feraient des travaux de leurs prédécesseurs ; (2) ils désiraient conséquemment que l'existence de l'Assemblée Coloniale,

(*légale*

---

(1) Ces archives renfermaient des monumens précieux et propres à constater les crimes de la Propagande et des principaux chefs des mulâtres ; il serait bien à désirer qu'elles fussent conservées ; mais lors de l'incendie du Cap, les mulâtres et les Commissaires ont eu soin de les livrer aux flammes, afin de faire disparaître les pièces de conviction les plus probantes.

(2) Une nouvelle Assemblée Coloniale, où la caste des mulâtres aurait été admise, n'aurait certainement pas suivi les principes des vrais représentans de la Colonie.

(*légale avant la loi du 4 Avril, au moment d'être inconstitutionnelle par la notification de cette loi,*) fut prolongée assez long-tems, pour terminer la discussion du travail préparé ; ils réussirent sans peine, à faire adopter leurs sentimens à cet égard, à la majorité de l'Assemblée.

Ces vues étaient louables ; mais il fallait les faire agréer par le gouverneur, & M. de Blanchelande, déterminé à suivre la conduite qui lui serait prescrite par Roume, *forcé, d'ailleurs, par ses instructions, de se concerter avec la Commission Civile, pour tout ce qui concernait l'exécution de la nouvelle loi,* ne pouvait donner son acquiescement, sans le consentement du Commissaire ; il lui déféra le désir de l'Assemblée Coloniale ; il était conforme à ses vues ; en conséquence, il autorisa M. de Blanchelande à concerter, avec quelques membres de l'Assemblée, les moyens de différer, jusqu'à l'arrivée des nouveaux Commissaires, l'exécution de la nouvelle loi.

Alors trois membres de l'Assemblée se rendent chez M. de Blanchelande, la veille du jour indiqué, pour la notification de la loi ; après une conférence de deux heures, on convient, 1°. que ce gouverneur déclarera que la première Commission Civile n'étant pas complète, par le départ de deux des membres qui la composent, le troisième n'a pas un caractère suffisant, pour lui prescrire les mesures nécessaires à l'exécution de la loi ; qu'elle doit être réservée aux nouveaux Commissaires ; qu'ainsi sa mission se borne à faire accepter la loi, tant par l'Assemblée Nationale, que par les Corps Populaires présentement existans, préalable indispensable, pour applanir toutes les difficultés, que les Commissaires nouveaux pourraient éprouver, lorsqu'il serait question de la faire exécuter ; que d'après ce motif, il estime qu'il convient de différer la convocation des Assemblées primaires, jusqu'à l'arrivée des Commissaires incessamment attendus ; 2°. que l'Assemblée Coloniale, sans accepter formellement la loi, y donnera son adhésion, en termes sages & mesurés, de manière que cette adhésion soit suffisante pour ne point laisser de doutes & d'inquiétudes sur l'exécution de la loi. (1)

Le

(1) Il était essentiel, pour l'Assemblée Coloniale, de ne point

Le lendemain M. de Blanchelande ſe rend a l'Aſſemblée ; il fait les déclaration convenues ; et l'Aſſembée Coloniale donne la preuve de ſon obéiſſance, en declarant *qu'elle reconnait la néceſſité de ſe ſoumettre aux volontés de l'Aſſemblée Nationale et du Roy.*

Par cette conduite, le Commiſſaire Roume eſt ſatisfait ; et les repréſentans de la colonie prolongent leur exiſtence ; cependant l'Aſſemblée Coloniale, ne pouvait ſe diſſimuler que ſa prolongation était contraire à l'eſprit de la loi ; elle n'avait pas, a la verité, formellement accepté cette loi ; mais puis qu'elle avait déclaré qu'elle ſentait la neceſſité de ſe ſoumettre aux volontés de l'Aſſemblée Nationale et du Roy, il eſt evident qu'elle ne pouvait plus exercer les fonctions de repréſentans de la colonie, ſans un nouveau conſentement de la maſſe entiere des citoyens ; et ce conſentement ne pouvait s'obtenir que des Aſſemblées Primaires, qui, ſeules, avaient le droit de confirmer ou révoquer les précédentes nominations ; elle crut pouvoir couvrir ce deffaut de légalité, en propoſant une addition de membres choiſis, parmi les citoyens non encore repréſentés, et dont la nomination leur appartiendrait excluſivement ; elle en fit l'offre ; la propoſition était ſage et adroitte ; mais elle mettait fin a la guerre civile, et ce n'était le projet, ni du commiſſaire Roume, ni des chefs des mulâtres, *agens poſitifs de la propagande :* la loi du 4 Avril n'avait été rendue, que pour l'exécution des vaſtes projets de cette ſecte abominable ; tout ce qui pouvait les contrarier, opérer la réunion des eſprits, le retour de l'ordre et de la tranquilité, devait être rejetté.

Auſſi

---

point renoncer par une acceptaion pure et ſimple de la loi du 4 Avril, au droit inconteſtable de prononcer ſur l'état civil des affranchis, droit reconnu par la conſtitution, acceptée par le Roy, et par le décrét du 24 Septembre 1791 ; l'Aſſemblée Légiſlative ne pouvait en dépouiller les repréſentans de la Colonie, que dans le cas ou l'Aſſemblée Coloniale aurait refuſé aux affranchis, la juſtice, et les avantages compatibles avec la tranquillité, la proſpérité de la Colonie.

Aussi le conseil de paix et d'union de Saint Marc, érigé sous la protection des commissaires civils, protégé et dirigé par le fameux Pinchinat, [1], rejetta la proposition, avec hauteur et mépris ; et bien loin de l'accepter, il déclara qu'il ne regardait l'Assemblée Coloniale, que comme un corps illégal, inconstitutionel, dont l'existence était un attental réel à l'autorité suprême de l'Assemblée Nationale, une résistance coupable à l'exécution de la loi, et qui mettait les réfractaires dans le cas de la punition la plus exemplaire.

Cette insolence de *Pinchinat* et de ses mulatres ; l'approbation que *Roume* donnait à cette conduite, devaient naturellement démontrer à *M.* de *Blanchelande* les véritables dispositions de cette caste ; cependant il se laissait abuser par ses protestations, et ses fausses promesses ; il se croyait assuré d'un secours effectif de 3000 mulâtres des parties de l'Ouest et du Sud ; il se flattait, avec ce secours joint aux troupes de ligne, et aux Colons de la partie du Nord, de former une force suffisante, pour opérer la promte réduction des révoltés de cette partie. Combien il se trompait ! N'était il pas évident, que, non seulement Pinchinat ne fournirait pas 3000 hommes, pour la réduction des révoltés de la partie du Nord, *dont l'insurrection était son ouvrage*, mais, au contraire, qu'il leur procurerait des armes et des munitions ; qu'il rejetterait enfin, toutes les propositions capables d'opérer la réunion des esprits, d'assoupir la guerre civile, qu'il avait déclarée depuis près d'une année. (2)

M. de

---

(1) Le conseil de paix et d'union de Saint-Marc était illégal, sous tous les rapports ; il devait son existence à l'audace de Pinchinat, au mépris de ce chef des mulâtres pour toutes les autorités constituées : le commissaire Roume, en protégeant cet établissement monstrueux, se conduisait en homme qui voulait, évidemment, entretenir la désunion, et fomenter la guerre civile.

[2] Les aveux et déclarations des révoltés prouvent tous sans exception, que les mulâtres leur fournissaient les armes et les munitions, dont ils recevaient la valeur en denrées coloniales, volées sur les habitations.

M. de Blanchelande fut la dupe de *Pinchinat*, des autres chefs des mulâtres, et celle du Commissaire *Roume :* l'espoir flatteur d'une promte réduction des esclaves séduisait les planteurs ; et ce gouverneur se promettait de leur procurer cet avantage, en compensation de leur soumission à une loi meurtrière, et destructive.

Pour ne rien hasarder, il se rend au cordon de l'Ouest, y reçoit les promesses les plus positives du secours de trois mille hommes de couleur, y passe deux jours, et revient au Cap ; á son retour, il rédige, avec le comité militaire de l'Assemblée Coloniale, le plan de la campagne ; il demande que le fonds d'un million soit à la disposition du directeur général des finances, pour les dépenses de cette campagne ; l'Assemblée fait droit à sa demande ; les mesures pour assurer ce fonds eztraordinaire, sont prises ; et ces dispositions faites, *M. de Blanchelande* annonce son prochain départ pour Saint-Marc.

Ce devait être le terme de son voyage, si les mulâtres avaient été de bone foi ; il devait revenir, après une absence de quinze jours a la tête des trois millehommes de couleurpromis et convenus ; [1] on espérait : combien onétait éloig-né de prévoir les nouveaux malheurs, dont était ménacéela colonie !

M. de Blanchelande part avec la conviction de tenir sa Promesse ; il est accompagné du Commissaire *Reume*, auquel il donne tout sa confiance, et qui, seul, dirige sa conduite ; bientôt ce Commissaire lève le masque ; il affecte un mépris souverain pour les Corps Populaires et leurs

---

[1] Je ne conçois pas comment M. de Blanchelande a pu se laisser abuser à ce point ; il ne pouvait ignorer que l'intention des hommes de couleur, c'est-à-dire, de leurs principaux chefs, était de continuer la guerre civile dans l'Ouest et le Sud : ce n'était certainement pas dans cette circonstance qu'ils auraient affaibli leur parti de trois mille hommes, pour opérer la réduction des révoltés de la partie du Nord à la conservation de laquelle ils n'avaient aucun intérêt.

partisans ; il se livre entièrement aux affranchis ; il caresse les chefs des révoltés ; partout de nouveaux désastres accompagnent ses pas ; sa marche est eclairée par la flamme des incendies ; [1] et ce voyage de 15 jours, dont le gouverneur se promettait de si grands avantages, dont le terme devait être suivi de la réduction générale des esclaves de la partie du Nord, se prolonge deux mois, sans autre effet, que de multiplier les révoltes dans les parties de l'Ouest et du Sud, et de faire douter aux Colons et habitans, des bon effets qu'ils se promettent de leur soumission à la loi du 4 Avril (2)

En effet le début de M. de Blanchelande est de confier le commandement du Port-de-Paix, et de six paroisses intactes, importantes, à un homme exalté, (3) qui, pour soutenir le gouvernement, s'assurer l'appui des hommes de couleur, commence par exiger l'élargissement de deux cent mulâtres détenus à bord d'un bâtiment de la rade, et dont plusieurs étaient convaincus de crimes, qui méritaient l'echaffaud : il rédige et publie des proclamations ridicules ; proscrit, fait arrêter les patriotes et citoyens qui lui sont désignés par les mulâtres ; les envoye dans les prisons de St-Marc, pour y être jugés par le

---

(1) Un brave soldat étonné de ces incendies, dépaignait singulièrement le Commissaire Roume. il faut, disait-il, que cet homme soit composé de phosphore ; le feu prend à tous les lieux, par lesquels il a le malheur de passer ; il devrait habiter les marais ; bientôt ils seraient dessechés.

(2) M. de Blanchelande arrivé à Saint-Marc réclamait les trois mille hommes promis, et voulait revenir à leur tête dans la partie du Nord ; Roume lui observa qu'il ne pouvait les avoir, qu'après l'acceptation de la loi, au Port-au-Prince à Jacmel, a Jéremie, aux Cayes ; il exigea que le gouverneur se rendit dans ces divers lieux, pour cette acceptation.

(3 M. Casa-Major, auquel M. de Blanchelande avait confié le commandement du Port-de-Paix, et six paroisses de la dépendance.

le Conseil de Paix et d'union, dont le mulâtre, l'infâme Pinchinat dicte les jugemens ; enfin il excite l'indignation des patriotes nombreux dans l'Assemblée Coloniale ; ils demandant sa destitution ; elle aurait mécontenté les mulâtres ; M. de Blanchelande voulait les ménager ; il n'a point d'égard aux plaintes portées contre ce commandant.

En partant du Cap, M. de Blanchelande s'arrête devant le Port-de-Paix, pour y déposer le Commissaire Roume, qui y séjourne 24 heures ; ils se rendent en-suite à St-Marc : M. de Blanchelande y donne un spectacle nouveau ; le gouverneur général de Saint-Domingue, le représentant du Roi, y joue le rôle d'agent passif des volontés du Commissaire Roume ; il est forcé d'être, en quelque sorte, le courtisan du mulâtre Pinchinat, de se conformer à ses ordres : Roume le contraint d'approuver, de donner un caractère légal au tribunal de sang érigé par Pinchinat, sous le nom de Conseil de paix et d'union ; ce commissaire veut que ce tribunal marche de pair avec l'Assemblée Coloniale ; il n'a pas honte d'exiger du gouverneur, qu'il en fasse la proposition aux représentans de la Colonie. (1)

Il fait plus. M. Borel, membre de l'Assemblée Coloniale, l'ame du parti patriote, l'ennemi le plus déclaré du gouvernement, avait été nommé Capitaine général de la Garde Nationale du Port-au-Prince : il en avait prévenu M. de Blanchelande, qui, sur le voeu de l'Assemblée Coloniale, avait eu la faiblesse de le reconnaître en cette qualité, et d'acquiescer à la demande que la Garde Nationale de cette ville lui avait faite d'une quantité considérable d'armes, caons, & munitions de guerre, sans le concours du commandant de l'artillerie, homme sage et d'un mérite reconnu, qui exerçait alors les fonctions de commandant de la place et de la partie de l'Ouest ; [2] M. Borel, arrivé au Môle, où

---

[1] M. de Blanchelande fit effectivement cette proposition à l'Assemblée Coloniale ; elle lui en fit sentir le ridicule ; et, de ce moment, Roume ne put insister sur sa prétention.

[2] M. Bouteiller, chef de brigade d'Artilierie.

où il avait trouvé un grand nombre de patriotes, avait forcé le commandant de l'artillerie, à lui délivrer une plus grande quantité de munitions : l'Assemblée Provinciale de l'Ouest prévenue de son arrivée au Môle, avertie que Pinchinat et les mulâtres de Saint Marc ont mis en mer des corsaires, pour intercepter ce Capitaine général de la Garde Nationale du Port-au-Prince, prend le parti d'armer un bâtiment de force, et de l'expédier avec un détachement de la Garde Nationale, pour assurer son arrivée dans cette ville ; Roume est instruit de cette disposition ; aussitôt il fait donner l'ordre au commandant de la station d'arrêter ce bâtiment, comme pirate ; il est pris vis-à-vis de Saint-Marc ; et M. Borel, sans autre crime, que celui d'avoir exigé une quantité de munitions supérieure à celle énoncée dans l'ordre de M. de Blanchelande, est constitué prisonnier dans la geole de Saint-Marc. [1]

Surpris d'un pareil traitement, il se plaint, et réclame sa liberté ; sa demande était juste ; M. de Blanchelande la défére au Commissaire Roume : ce dernier s'oppose à l'élargissement ; alors le gouverneur généralde Saint-Domingue est réduit à proposer à M. Borel la déportation, soit pour France, soit pour les états unis, comme étant le seul moyen, qui puisse le à soustraire à ses ennemis : M. Borel n'accepte point, et garde prison : inutilement l'Assemblée Coloniale se plaint de la violation exercée contre un de ses membres, et demande que son crime soit connu ; inutilement elle députe deux de ses collégues pour réclamer sa liberté ; inutilement, la Municipalité, la Garde-Nationale du Port-au-Prince se joignent aux députés de l'Assemblée Coloniale ; M. de Blanchelande se rend à leur demande ; il envoye l'ordre d'élargissement

[1] Dans l'anarchie de la guerre civile, Pinchinat avait établi, sous le nom de gardes-côtes, plusieurs bâtiments armés, qui interceptaient les navires d'Europe, et du cabotage, destinés pour le Port-au-Prince ; la Municipalité de cette ville en avait armé de son côté, pour protéger la navigation. Tous ces armemens, non autorisés par le commanmendant de la station, étaient évidemment illégaux ; M. de Blanchelande donna des ordres pour les arrêter ; mais, par un hazard étonnant, les bâtiments armés au Port-au-Prince furent les seuls inquiétés.

ſement de M. Borel ; mais Pinchinat n'y à point d'égards ; fort de l'appui de Roume, il mépriſe l'ordre du gouverneur, et les députés n'obtiennement aucune ſatisfaction. [1]

Après deux jours de fêtes, de concerts, et de ſpectacles, [2] Roume force M. de Blanchelande à marcher contre le Port-au-Prince, qu'il ſe perſuade devoir refuſer l'acceptation de la loi du 4 Avril ; il rédige avec Pinchinat une proclamation inſultante pour les habitants, et la Municipalité ; il apprend, avec ſurpriſe et dépit, la résignation, la ſoumiſſion complette des Corps Populaires à cette même loi : (3) cette conduite rend inutile la proelomation ; néantmoins, Roume exige de M. de Blanchelande ſon envoi, ſon

[1] M. Borel, dans ſa priſon, eut des coférences avec les principaux chefs des mulâtres ; irrité contre Mr de Blanchelande, auquel il imputait ſa détention, il leur expoſa que ce gouverneur ne perſécutait les patriotes, que dans la vüe de rétablir l'ancion régime, et d'anéantir les Corps Populaires ; il leur prouva que la conduite de Roume tendait à annuller la loi du 4 Avril ; il leur propoſa l'union des patriotes et des affaanchis, comme le ſeul moyen de déjoüer les projets de la Propagande, et du Gouvernement ; il les perſuada ; et après deux mois de détention, il obtint ſon élargiſſement.

[2] Depuis le 23 Août 1791, les fêtes, et les ſpectacles étaient interrompus dans toutes les villes de la colonie ; mais il eſt bon d'obſerver, qu'au milieu des horreurs de la guerre civile, des incendies, des maſſacres, le Brigand Pinchinat, triomphant par le fer et le feu, n'avait pas voulu ſouffrir que les ſpectacles, et les plaiſirs fûſſent interrompus à Saint-Marc, capitale de ſa domination ; les habitants étaient forcés d'y aſſiſter, ſous peine d'encourir l'indignation de ce deſpote, d'nn genre abſolumenr nouveau.

(3) Dès le 21 Juin, M. Bouteiller commandant de la place, avait

son affiche, et sa publication ; il se flattait que cette insulte gratuite irriterait les patriotes, aménerait quelque rixe, et favoriserait ses projets ;(1) il se trompe ; il se présente avec le gouverneur ; l'un et l'autre sont acüeillis avec les égards dus au Gouverneur général, au délégué du pouvoir éxécutif, et de la nation.

Arrivé au Port-au-Prince, Roume tient la conduite la plus révoltante ; une troupe nombreuse de mulâtres forme son cortége ; des chefs d'esclaves révoltés sont admis dans sa familiarité la plus intime ; ils sont présentés par Beauvais, et autres chefs des mulâtres ; ils sont acüeillis ; toutes les distinctions sont pour les castes noire et jeaune ; la race blanche est la seule dédaignée, méprisée, avilie : Roume propose, et force à consentir des libertés en faveur des esclaves mis en révolte par les mulâtres ; il perd la pudeur, au point de prétendre assujettir la Municipalité du Port-au Prince au conseil de paix et d'union de Saint Marc, qu'il affecte de traiter avec tous les égards dus aux représentants de la colonie, et qu'il veut assimiler à l'Assemblée Coloniale : la proposition révolte : Roume ne l'abandonne que sous condition que la municipalité correspondra avec ce conseil ;(2) la prudence y fait consentir ; les habitants et la Municipalité évitent avec soin tout ce qui peut faire naître de nouveaux troubles, et ne laisseut aucun prétexre à l'accusation d'être rebelles à la loi.

Roume

---

avait prévenu M. de Blanchelande, qu'il avait notifié à l'assemblée Provinciale et à la municipalité, la loi du 4 Avril ; qu'elle avait été, de suite, acceptée, publiée, et affichée, sans la moindre résistance, avec la plus parfaite soumission, & résignation.

[1] Depuis le 21 9bre. 1791, jour de l'expulsion des mulâtres du Port-au-Prince, Pinchinat avait juré la destruction de cette ville : les nouveaux commissaires n'ont pas été, à cet égard, dans des sentimens plus favorables ; il est étonnant que cette ville subsiste encore, dans le moment actuel.

(2) J'ai feit connaître précédemment l'illégalité monstrueuse

Roume désespéré de cette réussite, met tout en œuvre, pour exciter l'indignation des habitans : des proscriptions arbitraires, illégales sont dirigées contre le parti républicain ; un grand nombre parvient à s'y soustraire par l'émigration ; d'autres sont arrêtés, et embarqués pour France ; mais il est un des plus ardents patriotes, l'ennemi le plus déclaré desmulâtres, et des partisans du gouvernement, dont la mort était résolue ; il est mis à bord d'un bâtiment, qui doit le conduire dans les prisons de Saint Marc ; à l'entrée de la rade, une chaloupe, armée de mulâtrès, se présente ; elle le reclame ; elle l'enléve ; à peine la chaloupe est à portée de fusil, que cet homme est impitoyablement massacré, et son corps jetté à la mer ; la chaloupe rentre à Saint Marc, après cette expédition. (1)

Ces abus d'autorité, ces crimes étaieut personnels au Commissaire Roume ; M. de Blanchelande en était indigné ; mais il n'osait contrarier cet agent de la Propagande ; il se flattait que les mulâtres lui tiendraient parole, qu'ils lui fourniraient les trois mille hommes solemnellement promis pour la réduction des révoltés de la partie du Nord ; il craignait de mécontenter Pinchinat ; il ne pouvait croire que ce scélérat, et Roume ne cherchaient qu'à le tromper. Quelle était son erreur ! (2)

Quoiqu'il

---

de ce tribunal de sang, qui ne devait son éxistence, qu'à l'audace de Pinchinat.

(1) Les crimes de cette nature étaient familiers aux mulâtres ; les assassinats, qu'ils ont commis, sont innombrables ; mais il n'est pas d'éxemple d'un crime commis avec cette audace et cette impunité : l'homme, sur le quel cet acte de barbarie a été éxercé, était le nommé Praloto, chef de l'artillerie de la garde nationale du Port-au-Prince ; la déportation de cet homme était nécessaire à la tranquilité ; mais on n'avait pas le droit de l'assassiner ; M. Bouteiller l'avait engagé à partir pour France ; il avait refusé de suivre son conseil.

(2) Je conviens que ces actes de despotisme étaient éxercés au nom M. de Blanchelande ; mais le Commissaire Roume

à

Quoiqu'il en ſoit, la Municipalité du Port-au-Prince contient le juſte mécontentement des habitants; elle ſe borne à des repréſentations légales; M. de Blanchelande y paraît ſenſible, mais Roume n'y donne aucune attention: inutilement elle demande juſtice de l'aſſaſſinat commis dans la rade de Saint Marc; elle eſt promiſe; une information eſt ordonnée; le conſeil de Saint Marc, à la dévotion de Pinchinat, et des mulâtres, *vrais coupables*, ne trouve de criminel, que celui, qui avait préſidé à l'enlevement, et facilite ſon évaſion; l'information reſte ſans autres ſuites, et ce crime affreux demeure impuni.

Roume ne s'attendait pas a cette docilité de la part des patriotes de Port-au-Prince; en conſéquence, il avait conſidérablement affaibli ce parti, en éxigeant du gouverneur l'embarquement, et la déportation pour France du bataillon de Normandie, qui avait conſtamment ſoutenu les Corps Populaires, et que M. de Blanchelande deſtinait à renforcer le cordon de l'Oueſt, au moment où les trois mille mulâtres quitteraieent cette partie, pour l'expédition projettée dans la partie du Nord. Son projet était de déporter auſſi le bataillon d'Artois, qui profeſſait les mêmes ſentiments; M. de Blanchelande avait été forcé d'en donner l'ordre; il était au moment d'être éxécuté; le navire, deſtiné pour cette déportation, était frété, et chargé; si elle eut été effectuée, la partie de l'Oueſt, entierement dépourvue de troupes de ligne, reſtait à la diſpoſition abſolue de Pinchinat et de ſes mulâtres; c'était le deſſein de Roume; mais tous les colons et habitants, ſans diſtinction d'opinions, ſentirent le danger d'une pareille ſituation; ils ſe réunirent, et firent à M. de Blanchelande les plus vives repréſentations; elles furent appuiées par les militaires, par

---

a déclaré lui même, et formellement, tant au miniſtre, qu'à la convention nationale, que lui ſeul était l'auteur des déportations, et vexations éxercées contre les habitants du Port-au-Prince, à raiſon de la haine ſubſiſtante entr'eux, et les mulâtres; et que M. de Blanchelande n'avait qu'éxécuté, *même avec répugnance*, ſes ordres à cet égard; c'eſt un fait poſitif et certain.

par M. Bouteiller chef de brigade d'artillerie, qui, depuis le premier Avril, remplissait, par interim, les fonctions de commandant de la partie de l'Ouest : M. de Blanchelande les transmit au Commissaire, les appuya, lui en fit connaître la justice, la nécessité d'y acquiescer, et le danger du refus : alors Roume, dans la crainte de mécontenter la masse générale des habitants et des officiers, d'opérer la réunion de tous les partis, se détermina à céder ; l'ordre de la déportation du battaillon d'Artois fut révoqué : mais en même tems, et sous les yeux de Roume, les mulatres se livrent aux plus violens excès contre les blancs ; ils sont massacrés ; leurs propriétés pillées, incendiées, et ruinées ; leurs esclaves soulévés ; et c'est ainsi que ce commissaire prépare l'exécution d'une loi, qu'il nomme salutaire, bienfaisante, & propre à réparer les malheurs antécèdents.

Ces assassins se flattaient d'obtenir la même protection, les mêmes faveurs pour renouveller les scênes d'horreur, qui les avaient fait expulser du territoire des trois paroisses de Jacmel, des Cayes Jacmel, et Benay ; Roume demande que leurs crimes soient oubliés, que ces monstres, ces incendiaires soient réintégrés sur leurs propriétés, pour preuve de l'acceptation de la loi du 4 Avril ; les trois paroisses protestent de leur soumission à cette loi ; mais elles déclarént avec fermeté qu'elles ne consentiront jamais à recevoir les criminels auteurs de leurs désastres ; (1) elles réclament même l'instruction de leur procès, et leur punition exemplaire ; *Roume* veut employer la force contre ces rebelles à ses volontés ; M. de *Blanchelande* lui expose l'injustice, le danger de cette entreprise ; il y renonce ; et ces paroisses continuent de jouir de la paix, et de la tranquilité, dont elles sont redevables à leur courage, à leur énergie, à leur union, à leur bonne conduite.

Les quatre paroisses, de Jérémie, le Cap dame marie, les Abricots

---

(1) Les mulâtres de ces trois paroisses par des trahisons infâmes, avaient incendié moitié de la ville de Jacmel, soulevé les atteliers, brûlé les proprietés ; leur expulsion avait rétabli la traquilite.

Abricots, la Cayemitte, coalisées sous le nom de la Grande Anse, n'avaient pas montré moins de fermrté, moins d'énergie depuis le commencement des troubles, qui désolaient la Colonie ; les mulâtres de ces paroisses s'étaient rendus coupables des crimes les plus atroces ; mais l'union des habitants y avait mis un terme ; ils étaient parvenus à désarmer ces scélérats ; ils les avaient réduits à l'impossibilité de tenter de nouveaux forfaits ; ils n'éprouvaient d'autre peine que la détention à bord des bâtiments, qui étaient dans la rade de Jérémie ; ils y étaient traités avec tous les égards dus à l'humanité ; leurs propriétés, (*tres considérables dans ces quartiers*) y étaient protégées et conservées ; leurs femmes, leurs enfans résidaient sur leurs habitations, ils y vivaient paisiblement, faisaient passer aux détenus les secours, les douceurs propres à les consoler d'une détention, qui n'avait pour objet que leur intérêt personnel ; tel était l'état des choses, lors de la notification de la loi du 4 Avril.

Il était naturel que les Corps Administratifs de la Grande Anse, chargés de veiller au salut de leurs concitoyens, reconnussent les effets salutaires de cette loi dans les quartiers, qui avaient été désolés par le fléau de la guerre civile, avant de rendre la liberté à ces détenus ; ils en firent la demande à M. de Blanchelande, qui pour lors était encore au Cap ; elle était juste ; elle intéressait la conservation d'une partie précieuse de la province du Sud ; mais, comme je l'ai précédemment observé, M. de Blanchelande n'était que l'éxécuteur des volontés du Commissaire Roume ; il soumit cette demande à sa décision.

Cet agent de la Propagande la regarde comme un refus d'acceptation de la loi ; il éxige que M. de Blanchelande prenne, sans retard, les mesures propres à contraindre à la soumission : forcé d'obéir, il veut éviter les moyens de rigueur ; il expédie M. de Rochefontaine pour Jérémie : cet adjudant s'y rend avec l'ordre précis de déterminer le conseil de la grande Anse à la soumission ; il expose l'objet de sa mission ; alors le conseil prend le parti de la résignation, les mulâtres détenus à bord des bâtiments sont remis en liberté ; ceux qui sont étrangers au quartier, n'obtiennent leur élargissement, que sous la condition de retourner dans leurs paroisses ; les propriétaires et domiciliés des quatre paroisses sont relâchés

sous

ſous le cautionnement d'un habitant connu, avec faculté de reſter dans la ville, ou de ſe retirer ſur leurs propriétés ; ils ſont prevénus que, s'ils tiennent une bonne conduite, ils ſeront protégés ; mais qu'ils ſeront ſurveillés ; et que ceux, qui tenteraient d'exciter de nouveaux troubles, ſeront punis, ſoit par la détention, ſoit par ladéportation, en vertu de la même loi, pour l'exécution de la quelle on conſent de leur rendre la liberté.

Cette conduite ferme et généreuſe ne laiſſe aucune priſe ; M. de Blanchelande arrive à Jérémie avec deux vaiſſeaux de guerre, peu de jours après l'élargiſſement des mulâtres détenus au nombre d'environ 600 ; le Commiſſaire Roume avait éxigé qu'il fût accompagné de 200, mulâtres de choix, et lui avait enjoint d'employer la force, dans le cas où les paroiſſes de la Grande Anſe ſe refuſeraient à la ſoumiſſion ; précaution inutile ! il eſt reçu, avec tous les égards dus à ſon caractére ; néantmoins ſon cortége déplâit : le conſeil et la Municipalité le prient de trouver bon qu'il reſte à bord ; M. de Blanchelande ſent la juſtice de cette demamde ; il y conſent ; mais quelques uns de ces hommes audacieux ſe trouvent offenſés de cette conſigne ; ils deſcendent, et ſe montrent dans la ville : bientôt ils reconnaiſſent que les habitants ne ſont pas jaloux de faire leur connaiſſance ; ils prennent *ſagement* le parti de ſe rembarquer.

Cependant le gouverneur, pour ne laiſſer aucun doute au Commiſſaire ſur la ſincérité des habitants de Jérémie relativement à l'acceptation de la loi, propoſe un repas tricolor ; le commandant de la Garde Narionale, les Corps Populaires lui repréſentent l'immoralité d'une pareille propoſition. les rixes, qui peuvent en réſulter : ils lui obſervent que la loi ne s'étend qu'à l'exercice des droits politiques, et non aux ſociétés ; M. de Blanchelande n'inſiſte pas ; il ſe contente de réunir les Corps Populaiaes, et ſe diſpoſe à partir pour Tiburon.

Pendant ſon ſéjour à Jérémie, une députation de la paroiſſe du petit trou, limitrophe du territoire de Jérémie, et de la cayemite, vient réclamer un ſecours de troupes de ligne, pour contraindre les mulâtres à la ſoumiſſion à la loi, éxiger leur réunion aux habitants, et leur incorporation dans

dans la Garde Nationale : la députation lui fait le tableau des scènes d'horreurs répetées à diverses reprises par les mulâtres, les assassinats qu'ils ont commis personnellement, ou par le ministére des esclaves par eux mis en insurrection ; [1] elle expose la parfaite résignation de la paroisse, et la nécessité d'un corps des troupes suffisant pour assurer la tranquillité des habitants, pour contenir les nouvelles insurrections, dont ils sont sans cesse menacés ; M. de Blanchelande reconnâit la justice de cette demande, il envoye M. de Rochefontaine au petit trou, avec un détachement de 50 hommes de Berwick.

Ce faible secours aurait été suffisant, s'il n'eût été question que de contenir les atteliers, de prévenir de nouvelles insurrections ; mais il s'agissait de faire éxécuter la loi, de dissoudre les corporations, les camps des mulâtres, qui refusaient de se réunir aux blancs, et dont les projets de destruction étaient connus ; M. de Rochefontaine chargé par le Commissaire Roume, de donner la prépondérance aux affranchis, voulait remplir sa mission ; il affecte vis-à-vis des Colons blancs une hauteur aussi ridicule que déplaceé ; des mulâtres, *couverts de crimes*, forment son unique société ; il autorise la continuité de leurs corporations, et de leurs camps, il contraint le Corps Municipal à consentir la liberté de 36 esclaves, éxécuteurs des assassinats, qui leur ont été prescrits par les mulâtres, et prétend que ces affranchis doivent être incorporés dans la Garde Nationale de la paroisse, avec un traitement, que fixe une générosité d'autant plus magnifique, qu'elle ne lui côute rien ; enfin il refuse d'envoyer un secours dans un quatier de cette paroisse menacé d'une insurrection ; elle était l'ouvrage du nommé Jordillon, mulâtre, ne respirant que le crime, l'ami, le confident de Mr. Rochefontaine ; il traite de lâcheté

(1) La paroisse du petit trou est très importante à raison des ses sucreries, caféteries, indigoteries, et cotonneries ; les mulâtres, Baptiste dit Marmé, Gérin,, Jordillon, &c. &c. y ont multiplié les assassinats, les incendies à un excès inoui ; le 7 Septembre 1791, ils massacrérent le procureur du Roi, et

lâcheté, la crainte des habitants; le lendemain l'insurrections éclatte; elle a les suites les plus fâcheuses; l'adjudant général quitte le petit trou, et rejoint M. de Blanchelande aux Cayes; il se rend ensuite auprès de Roume, avec son ami Jordillon; c'est ainsi que ce Commissaire fait éxécuter, accepter par les agents du pouvoir éxécutif, la loi bienfaisante du 4 Avril.

Cependant Mr. de Blanchelande, après l'envoy de Mr. Rochefontaine au petit trou, se dispose à continuer sa tournée pour l'acceptation de cette loi, dans toute l'étendüe de la partie du Sud; il se proposait de séjourner quelques jours à Jérémie, et de faire par terre, le voyage de Tiburon; quelques observations le déterminent à hâter son départ; [3] il s'embarque avec précipitation, et se rend à Tiburon.

Ce quatier se maintenait à l'aide de sa Garde Nationale, et d'une compagnie d'Affricains, d'un zéle éprouvé, soutenus d'un détachement de troupes de ligne. Les mulâtres persuadent à M. de Blanchelande, que ce détachement est inutile à Tiburon, qu'il peut former un renfort, utile, peut être même nécessaire à l'expedition contre les révoltés

---

plusieurs habitants, sans aucun motif; ils eurent l'audace d'en convenir à la Municipalité; sur la fin de Novembre, peu de jours après l'expulsion des mulâtres de la ville du Port-au-Prince, ils firent égorger plus de 60 Colons sur leurs habitations, et forcérent les autres à l'émigration.

[3] Lorsqu'on apprit à Jérémie la résolution, où était M. de Blanchelande, de s'assurer, personnellement, de l'acceptation de la loi, dans ce quartier, et le cortége, qui devait l'accompagner le conseil de la Grande Anse, et la Municipalité de Jérémie lui envoyérent, au Port-au-Prince, une députation, pour le détourner de ce projet: elle fut sans succès; mais lorsque ce gouverneur annonça le projet de se rendre, par terre, à Tiburon avec son escorte de 200 mulâtres

tés des Cayes : en vain les habitans lui repréſentent que l'exécution de cet ordre ſera ſuivie des plus funeſtes effets ; que les inſurrections ſe multiplieront, immediatement après le départ du détachement, que les colons ne forment pas une force ſuffiſante pour réprimer, et contenir les eſclaves ; M. de Blanchelande n'a point égard à ces repréſentations ; les inſtructions de Roume, ſont de maintenir, ou pour mieux dire, d'établir dans chaque quartier, l'égalité de forces entre les mulatres, & les blancs ; [1] il n'oſe y cotrevenir ; le détachement de troupes de ligne conſerverait la ſupériorité aux blancs ; l'ordre de leur embarquement eſt donné, et exécuté ſur le champ : deux jours après, l'incendie manifeſte de nouvelles inſurrections : les femmes et les enfants cherchent leur ſureté dans quelques batiments de la rade ; les hommes reſtent pour la defenſe de leurs propriétés ; ils demandent, au moins, le ſecours d'un bâtiment de l'état, pour tranſporter leus familles au Cap ; Pouget le promet ; on attend pluſieurs mois ; on eſpére ; le vaiſseau n'arrive pas : le directeur des finances oublie ſa promeſse, ou ne peut trouver les moyens de l'effectuer.

Lordre d'embarquer le détachement de Berwick donné, M. de Blanchelande annonce ſon depart pour les Cayes, et la réſolution de s'y rendre par terre : il fallait paſser des chaînes de montagnes occupées par les eſclaves révoltés ; on lui repréſente l'imprudence d'un pareil projet : les mulâtres le raſsurent ; ile le perſuadent que les révoltés ſont diſpoſés à la

---

mulâtres, un membre du conſeil de la Grande Anſe, qui prévoyait les conſéquences de ce voyage, pria le préſident d'obſerver au gouverneur, que les quatre paroiſſes étaient intactes à cette époque, et demanda qu'il en fut fait mention au procès verbal : M. de Blanchelande ſentit la motion, et ſe détermina à s'embarquer le même jour.

(1) Le Commiſſaire Roume avait perſuadé à M. de Blanchelande, que, pour l'éxécution parfaite de la loi, il était néceſſaire que les mulâtres fûſſent, univerſellement, en même proportion

la foumiſſion ; plein de confiance dans ces hommes perfides, il entreprend ce voyage long et pénible eſcorté de 66 perſonnes ſeulement : il ſe flatte que cette ſécurité eſt la preuve la moins équivoque du retour de la tranquillité, tandis qu'elle démontre, irréſiſtiblement, l'union, l'accord des chefs des révoltés, avec ceux des mulatres, *qui ſeuls dirigent la conduite du gouverneur.*

Il arrive aux Cayes ; la guerre civile avait été très vive dans ce quartier : le ſcélérat Rigaud, chef des mulâtres de la partie du Sud, l'avait ſoutenüe avec atrocité, tant par des ſentimens d'animoſité, que par des vues de fortune, et d'intérêt perſonnel ; il avait ſoulevé un grand nombre d'eſclaves ; il dirigeait les inſurrections de toutes les paroiſſes du Sud ; les modifications de la ſervitude étaient les récompenſes, qu'il promettait aux atteliers ; l'affranchiſſement était le partage des chefs ; il les deſtinait à former la Gendarmerie Coloniale.

La publication de la loi du 4 Avril, ſon acceptation frnache et ſincere déconcertaient les projets de cet ambitieux ; la guerre civile n'avait plus de prétexte, et les mulâtres ne pouvaient ſe diſpenſer de ſe joindre aux habitans, pour faire rentrer dans le devoir les eſclaves révoltés.

M. de Blanchelande parâit dans cet état de choſes : il eſt généralement accueilli ; il voit l'empreſſement unanime pour l'éxécution de la loi ; on lui démontre la facilité d'une promte réduction des eſclaves ; Rigaud ne peut ſe diſpenſer d'en convenir; mais il perſuade au gouverneur, qu'avant d'employer la force, il eſt de l'humanité, il eſt de ſon devoir d'épuiſer tous les moyens de conciliation, pour ramener les révoltés par le pardon, et les voies de la douceur.

M. de Blanchelande écoute ce conſeil : (1) il ſe rend avec

---

[1] Rigaud ne cherchait qu'à tromper M. de Blanchelande : il était d'accord anec les chefs des Brigands ; mais il lui importait de ne pas laiſſer pénétrer à ce gouverneur ſon intelligence avec eux

le commandant militaire, au camp des révoltés, accompagné du traître Rigaud ; il confére avec leurs chefs, et donne à son retour, l'espoir consolant d'une promte soumission.

Le jour convenu pour recevoir les demandes des révoltés. l'incendie menace la plaine des Cayes : deux sucreries deviennent la proie des flammes : les habitants ne sont pas moins irrités, que consternés ; M. de Blanchelande parvient à les càlmer ; il dépêche Rigaud vers les brigands, pour se plaindre de ce procedé ; ce scélerat revient ; il annonce, *modestement*, qu'il est possible de prévenir de plus grands maux, en accordant la liberté des principaux chefs ; et bientôt il porte le nombre de ces libertés à 300 : (1) de pareilles conditions n'etaient ni proposables, ni acceptables : M. de Blanchelande en convient ;. l'attaque est résolue : la commune promet 1300 hommes.

Le succès ne paraissait pas douteux : M. de Blanchelande fait ses dispositions, sans avoir la précaution de s'assurer si la commune à rempli sa promesse de 1300 hommes, de troupes patriotiques, qui se trouvent réduits à moitié ; [2] trois Colonnes, *incomplettes par le déficit de la majeure partie des 1300 citoiens*, composées, indistinctement, de troupes de ligne, de blancs, et de mulâtres, marchent de concert ; elles ont l'ordre d'attaquer par trois côtés différents, *le même jour*, à *la même heure* ; un corps de réserve, commandé par M. Rochefontaine est destiné pour un renfort, en cas de besoin ; et M. de Blanchelande marche à la tête d'un petit corps d'habitants, au nombre de 33.

Les

---

[1] Il est évident que les propositions ou demandes des révoltés étaient concertées avec Rigaud : il ne se dissimulait pas qu'elles seraient rejettées, mais il ne craignait point les suites de l'entreprise méditée ; il savait qu'il parviendrait à tromper le général, et à faire avorter cette entreprise.

[2] Il est étonnant que M. de Blanchelande, qui n'approuvait pas cette expédition, ait négligé de s'assurer, par une revue, du nombre effectif de troupes patriotes, sur le quel il comptait, & s'était déterminé.

Le jour indiqué, ce gouverneur, *ſur de perfides avis, qu'il a l'imprudence de ne point approfondir, et qui lui ſont donnés par Rigaud.* [1] conſent à de nouvelles diſpoſitions : elles éxigeaient que les chefs des différentes colonnes en fûſſent ponctuellement inſtruits ; mais, par une fatalité inconcevable, M. de Blanchelande ſe contente de faire parvenir á chacun des chefs les changements partiels, qui les concernent ; les uns reçoivent l'ordre de n'attaquer que le lendemein, les autres le ſur lendemain ; chacun ignore les nouveaux ordres donnés à ſes collégues ; tous croyent que l'attaque générale doit s'effectuer le jour et l'heure, qui leurs ſont nouvellement indiqués ; chacunſuit l'ordre, qu'il vient de recevoir ; les attaques ſont iſolées ; les révoltés ; *inconteſtablement prévenus de ces nouvelles diſpoſitions*, réuniſſent ſucceſſivement leurs forces contre ces attaques irréguliéres, et mal concertées ; ils ne manquent ni d'armes, ni de munitions ; [2] les mulâtres, diviſés dans les différentes Colonnes, prennent la fuite ; le courage, l'habileté des chefs cédent au nombre ; les retraites s'effectuent avec peine ; plus de ſoixante officiers, ſoldats et habitants (3) périſſent victimes de la fatale confiance du gouverneur dans les conſeils de Rigaud, et autres intéreſſés à l'irréuſſite de l'entrepriſe.

Le même jour, la plaine des Cayes devient la proie des révoltés et des flammes ; M. de Blanchelande, conſterné, quitte la ville avec précipitation, il ſe rend à Léogane, où il s'embarque, et revient au Cap.

Après

---

[1] Rigaud était le ſeul, dont M. de Blanchelande ſuivait les avis ; ce ſcélérat était, notoirement, intereſſé à l'irréuſſite de l'entrepriſe.

[2] Rigaud les avait prévenus de ces nouvelles diſpoſitions, et leur avait procuré les armes et les munitions néceſſaires pour une vigoureuſe reſiſtance.

(3) Dans ces actions meurtriéres, les hommes de couleur n'ont eu ni tués, ni bleſſés ; eſt il une preuve plus covaincante de leur intelligence avec les brigands ?

Après le départ du gouverneur, les habitants, renfermés dans la ville des Cayes, découragés par un évenement, qui met leurs propriétés à la merci des esclaves révoltés, ne voyent d'autre parti, que de confier le commandement général à l'infame Rigaud, à l'homme, qui avait dirigé les opérations dont ils étaient les tristes victimes. Ce scélérat accepte ; il reprend les négociations avec les chefs des révoltés ; ces derniers font la loi ; ils demandent, pour conditions de la paix, sept cent libertés, l'abandon d'un territoire fertile, considérable, et riche en caféteries : Rigaud, au comble de ses voeux, engage à les accepter ; (1) la nécessité force d'y souscrire ; une ombre de paix paraît renaître ; mais le mal n'est que pallié ; la partie du Sud ne pouvait échapper au plan général de ruine et de destruction.

C'est ainsi que se termine ce voyage, qui ne devait être que de quinze jours, dont le terme était celui déterminé pour la réduction des esclaves de la partie du Nord, pour le rétablissement parfait de la tranquillité.

C'était l'espoir de M. de Blanchelande ; il n'a jamais eu à se reprocher qu'une aveugle confiance dans les promesses trompeuses des chefs d'un caste ambitieuse dont il n'avait pas pénétré les projets, quoiqu'elle fut déterminée à tous les crimes propres à lui acquérir la prépondérance sur la caste blanche ; il n'est coupable que d'une déférence, sans bornes, pour le commissaire Roume, agent de la Propagande

(1) Ces sept cent libertés étaient une spéculation finanmanciére de Rigaud, qui les avait vendues d'avance, trois portugaises, la piéce ; c'est un fait certain, qui m'a été assuré par le mulâtre Boiron, membre de la commission intermédiaire, en présence de M. Laval, pour lors son collégue, et depuis, Maire de la ville des Cayes : il m'ajouta que ce Rigaud et son frére étaient des scélérats, qui avaient fait passer, à la Jamaïque, plus de trois cent mille livres, fruits de leur brigandage ; qu'il se proposait de les dénoncer, incessamment, et même de poursuivre leur procès, personnellement ; mais je doute que Boirond soit encore dans les mêmes sentiments, et tienne parole.

Propagande, et ne négligeant rien pour préparer l'exécution des projets de cette secte abominable : *quelle leçon pour les administrateurs des Colonies !*

De retour au Cap, ce Gouverneur reconnaît la mauvaise foi des mulâtres, la perfidie du commissaire, il en gémit ; il voit la consternation générale : il ne peut se faire illusion sur l'impossibilité de la campagne, dont il s'était flatté, il est réduit à l'inaction, et se borne à continuer le plan défensif, jusqu'à l'arrivée des troupes, et du nouveau Gouverneur, qui doit le remplacer ; il s'occupe néantmoins, avec les principaux officiers étant dans la colonie, du plan général, qui peut faciliter les opérations de son successeur, et le mettre en état de réparer les funestes effets de sa crédulité.

Ici commence l'exécution des projets de la Propagande, l'exposerai dans mes subséquentes, avec autant de franchise, que de vérité, les manoeuvres employées, pour en assurer le succès.

Je suis &c. &c.

SEPTIEME LETTRE

Baltimore, le 31 Octobre 1793.

MONSIEUR,

J'ai developpé, dans mes lettres précédentes, les manoeuvres, employées par les agents, et les émissaires de la Propagande, pour préparer la révolution, qu'ils méditaient ; pour fonder, sur les rüines des établissements français. et Espagnols, de l'Ile entiére de Saint-Domingue, un mode de gouvernement, aussi monstruenx, qu'indéfinissable.

Nous arrivons aux mésures employées, pour l'éxécution de ce projet.

Elle était confiée à des hommes non moins habiles, qu'audacieux, et froces ; ils ne tardérent pas à connaître la situation des esprits: elle était propre à seconder leurs vües ; ils penférent à en profiter.

A l'arrivée de ces hommes déterminés, le commerce de la Métropole, *abusé par les insinuations de la Propagande*, regardait les Colons de Saint-Domingue, comme des ambitieux, et des ingrats, qui, pour leur intérêt personnel, et dans la vüe de se soustraire au paiement des dettes les plus légitimes, dêsiraient seconer le joug de la Métropole, et visaient à l'indépendance. Les plus simples réfléxions auraient suffi pour lui faire reconnaître son erreur ; mais la prévention les écartait et les négociants de France n'avaient rien négligé pour exciter l'animadversion de l'Assemblée Nationale contre les Colonies ; ils avaient, ainsi, préparé les cruels événements, qui devaient leur être communs, avec les Colons.

La Rèvolution de la Métropole intéressait les Colonies, *dans leur qualité de parties incégrantes de la monarchie française*, mais elles ne pouvaient y joüer qu'un rôle passif, elles devaient

vaient attendre, *avec résignation*, le résultait des grands événements d'Europe ; cependant les esprits ne fermentérent pas moins dans ces climats brûlants ; bientôt les colons furent divisés ; les qualifications *d'Aristocrates* et *de Démocrates*, désignérent les diversités d'opinions ; les partisans de l'ancienne forme de gouvernement furent traités *d'Aristocrates* ; ceuxqui, à l'instar de la France, désiraient le gouvernement représentatif, furent taxés de projets d'une indépendance, réellement impossible ; ils furent distingués, par la qualification de *Démocrates*.

Il eut été facile d'éteindre ces diversités d'opinions, puisque la masse génerale des habitants désirait le bien de la Colonie ; les uns se persuadaient, que le gouveruement Monarchique était le seul convenable à ses intérêts ; d'autres trouvaient les plus grands avantages dans l'établissement des Corps Populaires et du gouvernement représentatif ; ainsi, de simples conférences ou les opinions contraires auraient été discutées, de sang froid, et sans partialité, auraient conduit à la rédaction des bases constitutionnelles, propres à la colonie ; et si la formation d'une assemblée coloniale avait été instituée, uniquement pour consacrer quelques mois à ce travail imporant, sans avoir le droit d'anticiper l'époque d'nn nouveau régime ; si des députés de cette assemblée avaient été nommés, pour présenter ce travail à l'Assemblée Nationale, il est à présumer que les projets de la Propagande auraient été déjonés ; que les colonies seraient restées tranquilles spectatrices des malheurs de leur Métropole, sans participer aux troubles inséparables de toute révolution.

Mais les manœuvres de la Propagande, pour introduire, dans les colonies, l'effervescence, et l'anarchie, qui déchiraient la Mére-Patrie, eurent les succès, que cette secte infernale en espérair

A l'arrivée des nouveaux commissaires, les colons n'étaient pas encor éclairés sur leurs intérêts ; ils méconnaissaient les véritables auteurs de leurs désastres ; ils s'imputaient réciproquement , leurs malheurs ; la haine, la méfiance avaient succédé à de simples diversités d'opinions ; l'animosité était extrême entre les partis Aristocrate, et Démocrate : les hommes de couleur, également ennemis des deux partis, projettaient

ent de les détruire, successivement ; ils se flattaient d'expulser la masse entière des propriétaires ; ils espéraient, après cette expulsion, avoir assez de forces pour maintenir la servitude ; un petit nombre d'entr'eux, seulement, était initié dans les mystéres de la Propagande. [1]

Les troupes de ligne, et Gardes Nationales, envoyées avec les commissaires, étaient persuadées, qu'elles ne trouveraient à Saint-Domingue, que des Aristocrates, où des indépendants: elles croiaient fermement, que ces deux partis méconnaisaient les droits politiques des affranchis, et ne consentiraient jamais à l'acceptation de la loi du 4 Avril ; les Commissaires ne négligaient rien pour les confirmer dans cette opinion ; il leur importait, essentiellement, que la force armée fût à leur dévotion ; et pour l'employer d'une manière utile à leurs projets, il était nécessaire qu'ils eûssent, *avant leur arrivée*, une connaissance éxacte, et positive de la situation de la Colonie.

A cet effet ; aussitôt que la terre de Saint-Domingue fût apperçüe, ils dépêcherent le secretaire de la Commission Delpêch, à l'effet de prendre des informations éxactes ; ils lui donnérent, en même tems, la mission de faire reconnaître leurs pouvoirs par l'Assemblée Coloniale, sans lui participer leurs instructions.

Cet

---

(1) Il est bien constant que, si les hommes de couleur, et négres libres avaient connu les vues, et les principes de la Propagande, ces citoyens, non moins attachés à leurs propriétés, que les blancs, n'auraient pas favorisé les projets de cette secte ; mais il n'est pas douteux que les chefs, aux quels ils ont eu confiance, tels que les nommés Pinchinat, savary, Rigaud Beauvais, chanlatte arrivé de France avec les commissaires, &c. &c. qui n'avaient aucune propriété, et qui trouvaient des moyens de fortune dans le trouble, et l'anarchie, étaient, ainsi que Polverel, et Sonthonax, initiés dans le grand projet ; et que ces chefs sont de véritables agens de la Propagande.

Cet homme remplit sa mission, avec adresse ; il reconnait que la loi du 4 Avril, bien loin d'exciter la fermentation, dont s'étaient flattés les Commissaires, n'avait pas éprouvé la moindre opposition ; cette découverte n'était pas favorable à la réussite des projets de la Propagande ; mais l'animosité subsistante entre les deux partis, qui divisaient les citoiens, lui parait propre à les seconder ; en conséquence, il cache, avec soin, les instructions secrettes de ses supérieurs : *ce sont des anges tutélaires, qui, flattés de la soumission des Français de Saint Domingue, s'empresseront a faire jouir la colonie des avantages de la révolution ; ne négligeront rien pour terminer la guerre civile ; concourreront, de tout leur pouvoir, a la réduction des esclaves révoltés ; et dont la mission de paix se bornera a l'exécution complette, absolue, de la loi bien-faisante du 4 Avril ;* tel est le tableau, qu'il presente de la nouvelle Commission Civile.

Ces propos, ces espérances flatteuses séduisent les patriotes ; *ils étaient nombreux dans l'Assemblée Coloniale* ; ils ne voient dans ces nouveaux commissaires, que des zélés partisans du gouvernement populaire ; ils pensent que de pareils délégués ne peuvent être revétus de pouvoirs trop étendus ; et sans autre éxamen, l'enrégistrement de leurs commissions est effectué, avec la déclaration formelle d'une soumission parfaite à leus volontés.

Cette marque d'une confiance sans réserve, était une faute capitale de la part des représentants de la Colonie ; comment, en effet enregistrer des pouvoirs, dont l'étendue n'était pas connue ? comment l'Assemblée pouvait elle se dispenser d'exiger la représentation de ces mêmes pouvoirs et des instructions Ministérielles, dont les Commissaires étaient porteurs ? ne devait elle pas borner sa soumission à l'éxécution parfaite de la loi du 4 Avril, et non souscrire à l'exercice d'un pouvoir dictatorial, et plus absolu que celui d'aucun Despote ? devait elle être sans inquiétudes sur les vues, sur la mission d'un Triumvirat, dont les opinions, la profession de foi, étaient généralement connues, et dont la nomination était le fruit de l'intrigue et de la cabale des Brissot, des Condorcet des plus ardents Philantrophes, et chefs de la Propagande.

F Ces

Ces réflexions n'échappérent point à un grand nombre d'hommes eſtimables ; (1) mais il eût été dangéreux de montrer de la réſiſtance ; les partiſans du gouvernement le ſentirent ; ainſi la propoſition du ſécretaire Delpêch n'éprouva aucune difficulté. L'Aſſemblée Coloniale ne ſe contenta pas de cet enrégiſtrement inconſidéré ; elle arrêta d'envoyer une députation aux commiſſaires ; la Municipalité, la Garde Nationale, ſuivirent ſon éxemple ; et le ſécretaire Delpech fut accompagné de citoiens chargés de témoigner à ces deſpotes, d'un nouveau genre, l'empreſſement des colons *a porter le joug, a ſubir la loi, qu'ils voudraient impoſer.*

Les Commiſſaires durent être ſurpris, et le furent effectivement d'un début auſſi flatteur ; ils débarquérent au Cap, et leur entrée fut celle, que pouvaient eſpérer les reſtaurateurs des maux antécédents, les ſauveurs de la Colonie.

Le preſtige aurait été bientôt détruit, ſi ces hommes, non moins aſtucieux, que féroces, avaient laiſſé penétrer leurs ſentiments ; en conſéquence, ils les déguiſérent ; leur premiére démarche fut de convoquer dans l'égliſe du Cap, l'Aſſemblée Générale de la Commune, pour y faire une profeſſionde foi, qui raſſûrât complettement ſur le contenu de leurs inſtructions, dont, néantmoins, ils refuſérent de donner communication.

Ils proteſtérent donc, à la face des autels, qu'ils reconnaiſſaient la néceſſité de l'eſclavage dans les colonies ; que telle était l'opinion de la Métropole, et de l'Aſſemblée Nationale

---

(1) Cette baſſe déférence pour des hommes, dont la miſſion ne pouvait être méconnue, ſurprit, et affecta ; on fit, à ce ſujet, les plus vives repréſentations à plusieurs membres de l'Aſſemblée Coloniale ; ils convinrent de la justeſſe des obſervations ; mais, en même tems, ils prouvérent le danger de réſiſter à la demande des Commiſſaires.

tionale ; que l'execution complette de la loi du 4 Avril ferait leur ſeule occupation ; que tous leurs moments feraient employés à la réunion des citoiens, et que rien n'arréterait la promte réduction des eſclaves, et le retour parfait de l'ordre et de la tranquillité. [1]

Ces aſſurances firent renâitre l'eſpoir ; la prochaine réduction des eſclaves était, ſurtout, déſirée ; elle était facile : les forces arrivées avec le gouverneur, le renfort d'une partie de celles deſtinées pour les Iles du vent, et que le refus de ces colonies procura à Saint Domingue ; les diſpoſitions du gouverneur, et des trois commandants de province, des officiers, des troupes de ligne, et des Gardes Nationales, perſuadérent à tous, qu'elle ſerait promptement effectuée ; cet eſpoir ne fut pas de longue durée.

En effet, les commiſſaires prétendirent que la force armée ne pouvait agir, que d'après leur réquiſition ; des ce moment, toutes les opérations militaires furent déconcertées ; inutilement, un conſeil de guerre compoſé du gouverneur, des commandants de Province, des principaux chefs militaires, et des anciens officiers ſupérieurs, éxiſtans dans la colonie, adoptent les méſures les plus ſages, les mieux combinées, pour parvenir à ce but tant deſiré ; ſes réſultats, les plans de campagne deviennent inutiles ; les troupes ſe conſument

---

[1] Deux mois après cette déclaration formelle, Sonthonax *au Cap* ; Polverel, *dans les parties de l'Oueſt, et du Sud,* non ſéulement la réitérerent ; mais ils proteſtérent qu'ils ne reconnaiſſaient, à Saint Domingue, que deux claſſes d'hommes, *le libre*, et *l'eſclave* ; que l'aſſemblée Nationale n'avait pas d'autres principes ; et que, dans le cas oú les repréſentans de la nation pourraient changer de ſyſtême, jamais ils ne préteraient leur miniſtére à l'execution d'un décret d'affranchiſſement ; que même ils ſe réuniraient aux habitants pour en dérober la connaiſſance, et en obtenir la rétraction : et ce ſont ces deux hommes, qui, ſans aucun décret, oſent, de leur ſeule autorité, proclamer la liberté des eſclaves !

ment dans le repos meurtrier des postes, dans lesquels elles sont, provisoirement, distribuées ; le gouverneur reçoit, des commissaires civils, l'ordre de ne rien entreprendre, sans leur consentement, et de se tenir, simplement, sur la déffensive ; tout reste dans l'inaction ; les révoltés, surpris de cette conduite, se persuadent que le gouverneur, et ceux qui lui sont subordonnés, sont envoyés, non pour les réduire, mais pour favoriser leur rébellion ; ils redoublent d'audace ; les postes sont journellement attaqués, sans que les commissaires veuillent consentir à mettre un terme à l'inaction. (1)

En tenant cette étrange conduite, les commissaires préparaient tout ce qui pouvait contribuer au succès de leur véritable mission : ils avaient conçu que la division des citoyens blancs, était le moyen le plus facile de les atténuer successivement ; ils voyaient que l'appui des hommes de couleur était également recherché par les deux partis, qui se réunissaient de bonne foi pour l'éxécution de la loi du 4 Avril ; ils disposérent cette caste à conserver la neutralité ; en même tems, ils résolurent l'affaiblissement du parti attaché au gouvernement, comme étant celui, du quel ils avaient le plus à craindre, pour l'éxécution de leurs projets.

De ce moment ; les personnes attachées au gouvermment, ne sont plus reçues, qu'avec réserve, et même avec mépris ; les Patriotes, au contraire, sont admis, caressés, et flattés ; les commissaires leur insinuent, adroitement, l'utilité, les avantages d'un club, ou les patriotes dénonceront, sans ménagement, les ennemis du nouveau régime, et demanderont leur déportation ; la motion, pour l'autorisation de ce club est aussitôt faitte à l'Assemblée Coloniale : elle y est accueilie : l'arrêté est soumis à l'approbation de M. d'Esparbès : ce gouverneur reconnait le danger de cet établissement ; il voit qu'il tend à exciter de nouveaux troubles, à fortifier les animosités respectives ; il refuse son approbation. [2] Les

---

[1] La conduite ultérieure des commissaires prouve que les révoltés ne se trompaient pas sur leurs véritables instructions : on ne peut se dissimuler que, du moment de son arrivée, la commission civile entretint une correspondance amicale avec l'abbé Delahaye, et les principaux chefs des révoltés.

[2] Les séances publiques du club, y facilitaient l'entrée des

Les patriotes murmurent ; ils témoignent même de l'indignation contre ce refus ; ils font partager cette indignation aux troupes nouvellement arrivées ; un des chefs (Etienne Laveaux) attaque indécemment le Colonel du régiment du Cap, par des écrits, qu'il fait insérer dans les papiers publics ; tous les moyens sont mis en usage, pour inspirer de la méfiance contre le régiment du Cap ; les patriotes, *malgré le refus de M. d'Esparbès*, sûrs de l'appui des commissaires, ouvrent le club, dans la salle de la Comédie, à la proximité de leur domicile ; [2] ils l'approuvent par leur présence ; et certains des rixes qui doivent en être la suite, ils prennent le parti de se ménager une force à leur dévotion ; ils établissent, aux casernes du régiment du Cap, un des bataillons de l'Aine, et gardent dans la ville, le détachement de 200 dragons d'Orléans, commandé par Etienne Laveaux, homme ambitieux, capable de tout entreprenére, pour sa fortune, et son avancement.

Le club signale son ouverture par des dénonciations : les premiéres se dirigent contre M. de Blanchelande : son départ était généralement désiré ; (3) il s'obstinait à prolonger son séjour ; M. d'Esparbés avait pour lui les égards dus à son

---

des esclaves ; & sous ce seul rapport, le danger d'un pareil établissement, n'était pas problématique,

(2) La Salle de la comédie est adossée à la maison disposée, à grands frais pour le logement de la Commission Civile.

[3] Deux jours après l'arrivée de M. D'Esparbès, deux citoiens estimables, (M Belin, & M. Welch) au nom des propriétaires, et habitants, engagérent M. de Blanchelande à se rendre avec eux chès M. d'Esparbès ; ils le conjurerent, en présence de ce gouverneur, pour son intérêt personnel, et pour celui de la colonie, de presser son départ. M. de Blanchelande refusa ; et M. d'Esparbès n'eut pas le courage de mettre un terme à ses irrésolutions.

ſon prédéceſſeur ;[1]mais la clameur des patriotes fut telle, que le Commiſſaires, entiérement à la dévotion de cette faction, nepurents'empecher d'y déférer : M. de Blanchelande fut contraint de partir non en état d'accuſation ; mais avec ſoumiſſion de ſe prèſenter, dans le mois de ſon arrivée, à la barre de l'Aſſemblée Nationale, pour attendre ſesordres, & rendre compte de ſa conduite.

La déportation de M. de Blanchelande [2] n'était que le prélude des proſcriptions projettées par les patriotes ; bientôt, fiers de l'appui des commiſſaires, ils demandérent, hautement, l'éxil des hommes les plus précieux pour la colonie ; un aveuglement, une prévention incroiables, *depuis longtems fomentés*, excitent, contr'eux, les plus fauſſes délations ; leur déportation eſt reclamée, comme le ſeul moyen de rétablir la tranquillité. [3]

Juſques la, les colons les plus ſages avaient gardé le ſilence ; mais

---

[1] Les commiſſaires auraient déſiré que M. de Blanchelande prévînt les dénonciations ; ſon irréſolution les força à le mettre en état d'arreſtation ; ils le firent en ſuite comparaitre; mais ils eurent, à ſon égard, des ménagements, en conſidération de la faveur, qu'il avait accordée aux affranchis.

[2] Les commiſſaires penſaient que M. de Blanchelande, au quel on ne pouvait reprocher qu'une trop grande déférence pour les ordres du commiſſaire Roume. arrivant en France, ſans être en état d'accuſation, n'aurait pas l'imprudence d'aller ſe mettre à la ſuitte de l'Aſſemblée Nationale.

[3] M. de Cambefort, colonel du régiment du Cap, et commandant de la place était le chef contre le quel la prévention était la plus exceſſive ; les patriotes l'accuſaient d'être l'auteur de tous les deſaſtres de la colonie : je vais inceſſament, démontrer l'abſurdité d'une pareille imputation ; et prouver que ce chef était, au contraire, celui qui pouvait, le plus ſûrement, guider M, d'Eſparbès, contenir les commiſſaires dans les bornes de leur miſſion, et déjouer leurs projets.

mais les écarts et les prétentions du club les forcent à le rompre ; ils se rendent chès M. d'Esparbès ; ils lui exposent, avec fermeté, les horreurs de la guerre civile, que veulent allumer les fanatiques, qui dirigent le Club ; le danger d'un pareil établissement.; son illégalité, d'après le refus d'approbation de l'arrêté de l'Assemblée Coloniale, pour son autorisation ; ils lui demandent, avec instance, de se rendre à leur tête, chès les commissaires, et de réclamer leur autorité pour la dissolution de ce Club, qui ne pouvait être considéré que comme un véritable attroupement de factieux.

M. d'Esparbès, pénétré de la justice d'une pareille demande, cède aux instances des colons et habitans ; six d'entr'eux sont invités à l'accompagner chès les commissaires ; [1] le vœu des citoiens leur est fortement exprimé ; ils s'enferment, pendant deux heures, avec le gouverneur ; le resultat de la conférence est pour la dissulution du club ; Polverel l'annonce à la députation : son collégue Sonthonax s'habille, se rend au club, en ordonne la séparation, avec défense de rassemblement, jusqu'à ce qu'il ait été déterminé par la commission civile, et le gouverneur, sous quel mode une pareille société peut être autorisée [2] ; l'ordre de Sonthonax est, sur le champ, éxécuté, sans aucune résistance.

Il

---

[1] M. d'Esparbès desira qu'il n'y eut qu'une faible députation de citoiens, a fin d'oter aux commissaires tout prétexte d'allégation de contrainte, à l'effet d'obtenir d'eux un consentement, qui ne devait être que volontaire.

[2] Les commissaires n'étaient pas dans l'intention de dissoudre le c ub, dont ils étaient les protecteurs et les véritables instituteurs ; mais il craignaient qu'un refus à la demande faite par le gouverneur, au nom des colons les plus sages, ne mit le comble à leur indignation : ils voulaient, avant de les braver, prendre des mésures, pour ne point être contrariés dans le projet de déportation des plus zélés partisans du gouvernement : l'existence et l'effervescence du club étaient essentiellement necessaires, pour les mettre en état d'effectuer ces déportations.

Cet acquiessement des commissaires avait été donné le 17 Octobre au soir; le lendemain matin, la même députation, à la quelle se joignent plusieurs autres habitants, se rend chès eux, pour les remercier de cet acte de justice; ils y apprennent, avec surprise, que la dissolution du club, *si autentiquement prononcée*, est éludée et qu'il doit se reproduire le même jour, dans l'Eglise, sous la dénomination d'Assemblée de commune: en vain ils font les plus vives représentations aux commissaires; en vain on leur présente la loi relative au droit de pétion, et aux formes décrétées pour les Assemblées de commune; en vain on les conjure, on les somme même de faire éxécuter la loi; ils refusent toute satisfaction; ils ont même l'impudence de soutenir, que la veille ils n'ont point ordonné la dissolution du club; rien ne les ébranle; ils avaient fait des dispositions pour soutenir la guerre civile, prête à s'allumer dans la ville du Cap; ils annoncent que l'Assemblée de commune aura lieu, que même ils la protégeront.

Les citoiens consternés se retirent: l'après midi, le club, sous le nom d'Assemblée de commune, se tient dans l'Eglise; on apprend que les proscriptions les plus indécentes, les plus outrées, y sont proposées; alors un nombre considérable d'habitants, et de citoiens se rend de nouveau, chès M. d'Esparbès; ils determinent ce gouverneur à retourner, à leur tête, accompagné des principaux officiers, chès les commissaires, pour y réclamer l'obéissance, et la soumission, tant aux loix, qu'aux ordres qu'ils ont donnés la veille (1) pour la dissolution du club.

---

[1] Je puis attester la vérité de ces faits; j'étais un des six de la députation, qui a accompagné M. d'Esparbès le 17 Octobre chès les commissiaires; j'étais de celle du 18 Octobre au Matin, où Sonthonax eut l'impudence de nier la dissolution du club le 17 ausoir; où la loi sur le droit de petition, et les formes prescrites pour les Asseemblées de communes lui fut préseenté, ou il refusa d'y avoir égard; j'étais de celle du 18 au soir, sur les demandes de la quelle M. d'Esparbes consentit de retourner chès les Commissaires: mais bien persuadé qu'une nouvelle députation, auprès de ces scélérats, serait sans fruit; qu'ils avaient, eux même, indiqué le moyen d'éluder la dissolution du club; je ne fus point jaloux de figurer dans la nouvelle députation; j'étais certain de son irréussite.

Il ſe met en marche ; après avoir traverſé le champ de Mars, il s'arréte ; on délibère, de nouveau, ſur les conſéquences de cette ſeconde démarche ; on craint que les commiſſaires ne la taxent de violence ; on réſout une nouvelle députation de ſix perſonnes, chargée de leur préſenter, ſous les plus vives couleurs, les malheurs, qui peuvent réſulter de la diviſion des citoiens ; de leur expoſer les cruelles ſuites de la guerre civile ; de les conjurer d'employer leur miniſtére, pour éteindre les haines, et les animoſités : ils ſont inébranlables ; leur plan était arrêté ; le parti favorable au gouvernement devait être affaibli ; ils approuvent la prétendue aſſemblée de commune ; ils ont même l'audace d'annoncer qu'il eſt indiſpenſable d'acquieſcer à l'Oſtraciſme qu'elle veut exercer, et que les individus, qui en seront l'objet, doivent, ſans murmure, conſentir l'éxil, et la déportation ; en même tems, ils requiérent le gouverneur général, et la Municipalité de diſſiper tous les attroupements, *& notamment, celui du champ du Mars.*

La députation revient, avec ce triſte réſultat ; M. d'Eſparbès en eſt vivement affecté ; chacun ſe ſépare ; la Municipalité ſe rend au champ de Mars ; elle n'y trouve que des citoiens paiſibles, et ſans armes ; elle paſſe aux caſernes, accompagnée de M. de Cambeford colonel du régiment du Cap, et commandant de la place ; elle n'y trouve qu'un piquet de 50 hommes du régiment du Cap, ſous les armes ; mais tout le bataillon de l'Aîne dans le même état ; elle témoigne ſa ſurpriſe à M. de Cambefort, qui n'eſt pas moins étonné de trouver ce bataillon ſous les armes, ſans ſon ordre, et ſans qu'il en ſoit prévenu ; le comamndant du bataillon ſe juſtifie par la repréſentation d'un ordre des commiſſaires, qui lui enjoint de tenir ſon bataillon ſous les armes, et à leur réquiſition, (1)

Le

---

[1] Lorſque la municipalité ſe preſenta pour faire la viſite des caſernes, M. de Cambeford lui obſerva qu'il était d'uſage d'avoir, en temps de troubles, indépendemment du ſervice ordinaire, un piquet de 50 hommes, ſous les armes, pour les évenemens

Le lendemain Matin 19 Octobre, l'ostracisme se manifeste par une liste effraiante de proscriptions, et principalement per la demande expresse de la déportation de M. de Cambefort ; les patriotes *excités par les Commissaires*, veulent qu'il y soit fait droit ; leurs adversaires s'y opposent ; les esprits s'échauffent ; on prend les armes ; une partie des troupes refuse l'obéissance, tant au gouverneur, qu'à ses chefs, et reste dans l'inaction ; enfin les hommes de couleur, jusques là tranquilles spectateurs, se réunissent, *pour la première fois*, aux patriotes, abandonnent le parti du gouvernement, auquel ils avaient paru, constamment, attachés. La guerre civile entre les citoyens était donc réellement déclarée ;(1)M. de Cambefort en était le prétexte, ou ponr mieux dire l'objet : les Commissaires, *ne se dissimulant pas l'attachement des Colons pour ce commandant réellement précieux* à *la Colonie*, veulent l'avoir en ôtage ; ils lui donnent l'injonction de se rendre auprès d'eux, ponr y être sous la sauve-garde de la loi : surpris d'un ordre de cette espèce, M. de Cambefort le porte à M. d'Esparbès, et lui demande ses intentions ; pour réponse, le gouverneur

---

venements imprévus, & que c'était la seule force armée, qu'elle trouverait aux casernes. On sent bien qu'il n'avait aucune connaissance de l'ordre, absolument illégal, des commissaires ; cet ordre, ne peut laisser de doute sur l'intenti- de ces Ministres de paix, pour l'ouverture de la guerre civile.

(1) Il y eut en effet un choc le 19 Octobre matin, entre les citoiens : la Garde Nationale formait deux partis ; L'un, sous le nom de dragons rouges, était composé des patriotes, qui appuyaient les demandes du Club ; l'autre, *sous le nom de volontaires et de Gardes Nationales* à *cheval*, était composé des partisans du gouvernement, qui ne se faisaient point illusion sur les funestes conséquences de la déportation de M. de Cambefort : plusieurs citoyens furent tués ou blessés ; M. d'Esparbès manqua d'énergie ; et cette scène d'horreurs se termina par les déportations demandées.

verneur l'envoie aux arrêts : il obéit ;[1] les Commissaires, outrés de cette conduitte, *qu'ils regardent comme une insulte faite à leur autorité*, lui envoyent l'ordre de se rendre àbord du vaisseau l'America : M. de Cambefort transmet ce nouvel ordre à M. d'Esparbès. qui lui prescrit de s'y confermer.

A peine cet ordre est connu ; à peine on est instruit de la faiblesse du gouverneur, que la consternation s'empare de tous les vrais citoyens : le régiment du Cap donne, en ce moment, un exemple mémorable de son attachement pour le colonel, qui l'a constamment mené dans le chemin de l'honneur, *et toujours pour le plus grand interêt de la Colonie* ; le lieutenant colonel, les officiers, sous-officiers et soldats annoncent qu'ils suivront son sort, qu'ils veulent s'embarquer avec lui : les commissaires y consentent : *il était trois heures ;* ils veulent que l'embarquement soit effectué *à quatre heures* : les soldats harassés de fatigues demandent un délai, jusqu'au lendemain matin ; mais les Commissaires s'y refusent : alors l'embarquement du régiment ne peut s'effectuer ; c'est ce que désiraient Polverel et Sonthonax ; la déportation de la totalité du régiment du Cap pouvait en effet leur être défavorable en France ; ils ne voulaient que celle de M. de Cambefort ; il s'embarque sur le vaisseau l'America, et n'est suivi que par le lieutenant-Colonel, les officiers, plusieurs sous-officiers et soldats : le reste du régiment est envoyé, peu de jours àprès au Fort Dauphin. [2]

---

[1] M. de Cambefort n'était par sous les ordres et à la réquisition des Commissaires : il ne pouvait et ne devait reconnaitre que les ordres du gouverneur ; c'est ce qu'il fit : M. de Cambefort ne pouvait en effet se soustraire à l'obéissance de son chef, pour approuver la suprêmatie que prétendaient les Commissaires, dont au surplus il ne connaissait ni ne voulait, avec raison, reconnaitre les pouvoirs et les instructions.

(2) Sans la déportation de M. de Cambefort, qui a entrainé celle de tous les braves officiers de la garnison, il n'est pas douteux que les commissaires auraient été dans l'impossibilité

Bientôt cette déportation eſt ſuivie de celle d'une multitude de fonctionnaire publics, de propietaires, de négocians, et

---

ſibilité d'accomplir la miſſion dont ils étaient chargés : il eſt donc eſsentiel de dévoiler les véritables motifs de cette déportation.

1°. Les patriotes, qui ne pouvaient ſe diſſimuler l'importance des ſervices rendus par M. de Cambefort, et ſon brave régi, ment connaiſſaient également la fermeté du caractère de ce commandant, ſon attachement à la monarchie, ſon éloignement invincible pour le gouvernement populaire, *qu'il prévoyait devoir opérer la ruine de la Colonie* : la faveur et la protection qu'il avait toujours accordées aux affranchis, étaient encore un crime bacoup plus grand, vis-à-vis des patriotes, leurs ennemis déclarés. Ces motifs étaient bien capables d'exciter l'animadverſion des patriotes ; mais comme ils étaient inſuffiſans, pour déterminer les Commiſsaires à la déportation de M. de Cambefort, ils lui imputèrent, ainſi qu'aux principaux agens du pouvoir exécutif, des intelligences criminelles avec les révoltés, des atrocités qui ne pouvaient trouver créance qu'auprès de gens prévenus, ou qui n'étaient pas inſtruits des évenemens de la Colonie.

2°. Les Commiſſaires ne ſe faiſaient point illuſion ſur la fauſſeté, ſur l'abſurdité des imputations employées, pour colorer la demande de la déportation de M. de Cambefort ; mais ils étaient venus avec la ferme réſolution d'anéantir la Colonie ; ils ne pouvaient réuſſir, qu'en privant les Colons de leurs plus fermes appuis ; ainſi le colonel du régiment du Cap devait être déporté : ils feiguirent donc de croire aux accuſations dirigées contre lui et les officiers de ſon régiment : les mulâtres n'oſèrent contredire les patriotes ; les Commiſſaires étaient, aiſément, parvenus à faire oublier à cette caſte les obligations qu'elle avait à ce commandant.

Telles ſont les veritables cauſes de cette déportation déſirée, ſolicitée par les patriotes, pour écarter un des plus fermes appuis du gouvernement et de l'ordre public ; exécutée par les

et des principaux officiers de la ſtation ; enfin de tout ce qui paraît attaché au gouvernement, et fait ombrage aux chefs du

---

les Commiſſaires, pour éloigner l'homme, qui aurait inconteſtablement déjoué leurs projets ; ils n'oſèrent pas cependant mettre au nombre des chefs d'accuſation poſitifs, celui d'une intelligence criminelle avec les brigands : l'imputation aurait été tropabſurde ; mais ils l'accuſèrent, 1°. de s'être montré l'ennemi de la révolution 2°. d'avoir conſervé le titre de Baron, *quoiqu'il n'eut jamais ſigné ſon nom dans cette qualité*, au mépris de la loi portant abolition des titres et de la nobleſſe ; 3°. d'avoir refuſé de porter la cocarde Nationale, dans les premièrs momens de le révolution ; 4°. lors de la répartition qu'il avait faitte avec M. d'Eſparbès, des troupes venues de France, de n'avoir réſervé aucun bataillon de volontaires nationaux pour reſter en garniſon au Cap, et d'avoir aſſigné aux corps militaires les plus patriotes, les poſtes les plus inſalubres et les plus fatiguans : 5°. d'avoir fait inſérer dans les papiers publics de la Colonie des diſcuſſions polémiques qui avaient excité la méſintelligence entre les ſoldats du régiment du Cap, et les dragons du ſeizeime régiment ; 6°. de n'avoir point obéi aux ordres des Commiſſaires, lors qu'ils lui avaient mandé le 19 Octobre de ſe rendre chez eux, pour y reſter ſous la ſauve-garde de la loi ; 7°. d'avoir refuſé d'obeirà l'ordre d'embarquement proviſoire ſur l'Amèrica à lui donué par les Commiſſaires. &c.

Tels ſont les prétendus délits, ſur leſquels la Colonie a été privée du chef le plus précieux à ſa conſervation ; ils ſont conſignès dans l'interrogatoire qu'il a été forcé de ſubir à la barre de la Convention. ſes reponſes fermes et nettes n'ont point laiſſé de priſe à ſes ennemis ; il à été mis hors d'état d'accuſation.

Il eſt donc bien prouvé que la déportation de M. de Cambefort, du lieutenant-Colonel Touzard, et des officiers du régiment du Cap n'eſt due qu'aux chefs du parti Anti-Colonial, qui ne voyaient, alors, dans les Commiſſaires que les plus zélés patriotes ; et que ces commiſſaires ont habilement profité de l'animoſité du parti républicain pour ſe délivrer du parti républicain : et pour terminer ces actes révoltans de l'uſurpation de l'autorité ſouveraine, M. d'Eſparbès gouverneur

---

délivrer d'un chef, dont la fermeté, la prudence et les lumières auraient formé l'obſtacle le plus invincible à l'éxécution de leurs deſſeins.

Mais comme il eſt beaucoup de colons eſtimables, beaucoup de patriotes de bonne foi, *ſéduits par les illuſions d'un gouvernement repréſentatif, dont ils ſe promettaient les plus grands avantages, et qui ne ſont que trop cruellement détrompés par la ſérie des crimes qui a ſuivi la ſeconde révolution de la metropole* ; comme il n'eſt que trop réel que ces patriotes ont cru aux imputations dirigées contre M. de Cambefort, que nombre de colons, qui n'ont pas habité Saint Domingue depuis la révolution, ont pu être influencés, comme eux, par des libelles, il eſt de mon devoir d'examiner la conduite de ce chef, dans ſes opérations civiles et militaires,

J'ai rendu compte dans une de mes précédentes, des opérations de M. de Cambefort, relativement à la première inſurrection des mulâtres, ſous la direction d'Ogé, et de la maniere, dont il parvint à fair avorter ces premieres tentatives : la municipalité de la Grande-Riviere, que cette inſurrection menacait plus particulièrement, lui en avait fait des remercimens dans les termes les plus énergiques.

Le jugement et l'éxécution d'Ogé, Chavannes et quelques principaux de leurs complices parurent avoir rétabli la tranquilité ; mais les mulatres, *irrités*, ſe préparaient à des vengeances terribles : l'inſurrection du 23 Août 1791 fut leur ouvrage, et toute la partie du Nord aurait éprouvé une ſubverſion totale, ſans l'activité, le zéle, la prudence, et la fermeté de M. de Cambefort.

Je n'ai pas beſoin de faire l'éloge de ſa conduite ; il eſt conſigné dans la réponſe du Préſident de l'Aſſemblée Coloniale à ce chef, lorſque, *le* 10 *Novembre*, il rendit compte de ſa campagne

verneur général éprouve le même traitement ; les Commissaires avaient déjà résolu de le remplacer par un homme qui fut à leur dévotion. Ces

---

sa campagne : l'Assemblée l'a approuvée, en ordonnant son insertion au procès-verbale : elle est ainsi conçue.

" La renommée vous à devancé : pendant votre campagne, " cette enceinte a plus d'une fois rétenti des témoignages " de reconnaissance qu'à excité la nouvelle de vos succès : " dès l'instant que vous avez déployé vos forces dans nos " plaines désolées, les habitans de cette dépandance ont, " pour ainsi dire, oublié leurs malheurs, par l'espoir de " voir bientôt renaître le calme, et de pouvoir incessem- " ment rentrer sur leurs possessions. Certains de la sagesse " de vos mesures : certains, du zéle et du courage que vous " apporteriez à la deffense de la chose publique ; certains " de l'intrépidité des troupes de ligne et patriotiques, qui " marchaient sous vos ordres, ils n'ont pu douter des avan- " tages signalés, qui devaient couronner vos entreprises.

" Braver l'intemperie de la saison : attaquer les brigands, " soit dans leurs camps, soit en rase campagne ; les vain- " cre ; en faire tomber un grand nombre sous vos coups, et " principalement deux de leurs chefs les plus redoutables ; " faire rentrer beaucoup de nègres dans le devoir, sont des " titres, qui vous acquierent, à jamais, ainsi qu'à vos com- " pagnons d'armes, des droits à la reconnaissance de la Co- " lonie.

" Placé, dans ce moment, à la tête de ses représentans, " il m'est bien flateur de vous en offrir le juste tribut, de " vous dire que la Province du Nord n'oubliera *jamais*, " l'ardeur que vous avez mis à la deffendre ; et de vous " appliquer cette vérité, consacrée par l'expérience de " tous les siécles ; que le sort des combats dépend autant de " l'habileté des chefs qui commandent, que de la bravo- " ure des soldats qui obéissent.

L'Assemblée Provinciale du Nord ne marqua pas moins de

Ces déportations multipliées, provoquées par les patriotes, étaient essentielles aux vues ultérieures des Commissaires ; ils prévoyaient

---

de reconnaissance et de sensibilité. Après les éloges ordinaires, elle ajoute. " Personnellement, Monsieur le commandant, vous avez toujours eu l'estime et la confiance de " l'Assemblée Provinciale ; elle vous à vu, dans plusieurs circonstances difficiles, donner les preuves les moins équivoques de vos vertus militaires et patriotiques : elle vous " a vu constamment marcher d'un pas égal et ferme dans la " route que votre cœur vous avait tracée, sans que jamais, " le désir ambitieux de vous attirer des partisans, où la crainte pusillanime de vous faire des ennemis ait pu accélérer, " ou rallentir votre marche : cette fermeté sage vient de vous " faire obtenir de grands succès, &c. &c.

Ces éloges mérités ne pouvaient qu'accroître, s'il eut été possible, le zele de M. de Cambefort ; il en donna chaque jour de nouvelles preuves ; et dans le même tems M. de Touzard lieutenant-colonel de son régiment, homme d'un talent reconnu, ne rendait pas moins de services dans la partie du Limbé ; les Colons s'empressaient, à l'envi, de lui payer les tributs de leur reconnaissance.

Ainsy je puis attester que la partie du Nord, et principalement la ville du Cap ont réellement du leur conservation à la prudence, à la bravoure, à l'experience de ces deux chefs estimables, à la bonté de l'incorruptible régiment qu'ils commandaient, à la confiance des citoyens, qui ne connaissaient aucun danger, lors qu'ils marchaient sous les drapeux de ces braves commandans, et qui étaient les dignes émules du régiment du Cap.

C'était tout ce qu'il était possible de faire dans un tems, ou la faiblesse des moyens réduisait le gouvernement au plan deffensif : on attendait de plus grands succès, et les espérances n'auraient point été déçues, si le renfort de 6000 hommes ordonné par le Roi, lorsqu'il fut instruit de la révolte des esclaves, n'ent pas éprouvé les retards, dont j'ai précédemment parlé ; mais la confiance et la reconnaissance n'en étaient pas moins sensibles,

Je

prévoyaient bien qu'ils éprouveraient la plus vive resistance, de la part des représentans de la Colonie ; ils avaient eu la précaution d'écarter ces incommodes surveillans.

En

Je n'en veux d'autres preuves que les témoignages multipliés que M. de Cambefort en reçut des Corps Populaires, et des citoyens, dans le cours de l'année 1792, jusqu'au moment de sa déportation.

Dès le 5 Fevrier 1792, la Municipalité du Cap lui écrivit, pour lui témoigner sa confiance et celle de tous les citoyens dans sa loyauté, ses vertus, et ses talens.

Le 17 Juin suivant, M. de Crmbefort ayant été nommé *par interim*, au commandement de la partie du Nord, vacant par le départ de M. de Vincent, l'Assemblée Provinciale du Nord, et la Municipalité du Cap le félicitent, en lui témoignant qu'elles regardent cette justice, comme un hommage rendu par le général aux vertus, aux talens militaires du Colonel du régiment du Cap.

Le 11 Aout de la même année, l'Assemblée Coloniale lui adresse des remercimens sur la conduite pleine de sagesse et de dignité par lui tenue vis-à-vis du gouvernement espagnol, relativement à deux petits bâtimens de cette nation, enlevés par une corvette de l'état.

Le 25 du même mois, la même Assemblée lui envoie une députation de deux membres, pour lui exprimer sa satisfaction sur la conduite qu'il a tenue pendant la tournée de M. de Blanchelande, lieutenant au gouvernement général, conduite qui a préservé la partie du Nord des troubles et des funestes événemens arrivés dans le Sud, sous les yeux du gouverneur.

Ces faits sont trop notoires ; ces pièces sont trop convainquantes, pour laisser le moindre doute sur la pureté des intentions, sur la conduite irréprochable de M. de Cambefort, en qualité de commandant de la partie du Nord : celle qu'il a tenue

En effet du moment ou ils réſolurent l'affaibliſſement du parti attaché au gouvernement, ils ſe déterminerent a diſſou-
dre

---

tenue ſous le rapport de commandant de la place, n'eſt pas moins digne d'éloges.

En effet, dès le Dimanche 19 Septembre 1789, *jour où la cocarde Nationale fut arborée au Cap*, arriva, du Port-au-Prince, en 26 heures, un patriote exalté, qui, par le rapport de nouvelles de la Métropole, auſſi exagérées, qu'invraiſemblables, excita une fermentation dangéreuſe, et dont les conſéquences pouvaient être très funeſtes : la comédie fût interrompue, et la guerre civile allait éclatter entre les citoyens, ſans la prudence, la ſageſſe, et la fermeté de M. de Cambefort.

Si l'eefferveſcence fut contenue, elle n'en fit pas moins de progrès : bientôt il s'établit au Cap, comme je l'ai précédemment obſervé, un comité, qui s'arrogea tous les pouvoirs : avec lui, ſe formèrent des Aſſemblées ſourdes, des conciliabules tenus chez des particuliers, dans leſquels les propoſitions les plus révolutionaires étaient agitées.

La plus dangéreuſe fut celle qui ſe tiut chès un nommé *Lartiguau* : heureuſement il s'y trouva beaucoup de jeunes gens remplis d'honneur, et dont les erreurs pouvaient être diſſipées, M. de Cambefort, continuellement ſur ses gardes, eſt averti, que cette Aſſemblée eſt au moment de mettre à exécution un arrêté ſanguinaire contre M. de Vincent Maréchal de camp, commandant de la province, et contre M. Jauvain, magiſtrat eſtimable, membre de l'ancien conſeil du Port-au-Prince, et pour lors commiſſaire ordonnateur au Cap. L'avis de cet arrêté partait d'un ami entièrement dévoué à M. de Cambefort ; il était certain ; et la proſcription s'étendait à diverſs autres agens du pouvoir exécutif, notemment à M. Poitou, capitaine du régiment du Cap, aide major de la place : le danger était preſſant : il n'y avait pas un inſtant à perdre ; l'Aſſemblée allait ſe ſéparer, et ne devait ſe réunir, que pour exécuter les projets convenus. Que
fait

dre l'aſſemblée Coloniale ; *ils en avaient* le droit aux terme de la loi du 4 Avril, et de leurs inſtructions ; mais *ils* ne pouvaient

---

fait M. de Cambefort ? il avait à choiſir entre deux partis : employer la force publique, et faire arrêter les ſéditieux ; ou ramener par la douceur des citoyens égarés.

S'il avait écouté l'indignation que les complots médités devaient naturellement exciter. il n'aurait pas héſité ; les factieux auraient été facilement enlevés et punis ſuivant la rigueur des loix : mais cette ſévérite pouvait multiplier les haines et les diviſions ; il juge ces hommes égarés avec l'ingulgence d'un père ; il ne prend conſeil que de lui-même, et ſe rend, ſeul, au lieu du raſſemblement : il parait ignorer les projets criminels qui viennent d'être arrêtés ; mais il témoigne ſa douleur de voir propager parmi des hommes honnêtes des ſoupçons injurieux au gouvernement, et leur fait ſentir, adroitement, l'indulgence, dont il uſe à leur égard, dans le moment, ou la loi l'autoriſe à les arrêtér et les punir.

Le ſang-froid, la bonté, la fermeté de ce chef calment les factieux ; ils reconnaiſſent leurs erreurs : et le plus grand nombre ſe réunit de bonne foi au gouvernement, dont ils deviennent le plus ferme appui.

Peu de jours après, un nouveau raſſemblement de 800 perſonnes a lieu au Caffé de la Comédie. Quelques unes, oubliant leurs récentes et dernières promeſſes renouvellent les projets enfantés au Caffé de Lartiguau : le directeur du ſpectacle, homme généralement eſtimé. en inſtruit M. de Cambefort ; celuici paſſe devant le lieu du raſſemblement, en allant faire les diſpoſitions, que la ſageſſe lui ſuggère ; il eſt apperçu ; alors l'Aſſemblée reſtraint ſes projets à la déportation de M. de Jauvain. M. de Cambefort en eſt averti, et lui conſeille de s'éloigner ; M. de Jauvain, en déférant à cet avis, évite à la ville du Cap des ſcênes méditées, pour exciter les troubles, anéantir la tranquillité.

De ce moment la paix régne dans la ville du Cap ; elle n'eſt

vaient l'exercer, sans ordonner, en même temps, conformément à la loi, la convocation des Assemblées Primaires, dans lesquelle

---

n'est point interrompue, même depuis les insurrections ; pendant qu'au dehors les révoltés sont acculés dans les mornes, ou la faiblesse des moyens ne permet de les attaquer que partiellement : cet état de choses continue jusqu'au 13 Août 1792.

A cette époque, il s'éléve une rixe entre les patriotes et les mulâtres du Cap : ces derniers sont les aggresseurs et prétendent qu'on en veut à leurs jours, à leur sûreté ; tout est en allarme, pendant deux jours ; M. de Cambefort fait prendre les armes à la garnison, et se présente aux casernes des mulâtres, avec une portion de son régiment, après avoir obtenu la réquisition de la municipalité ; il leur fait reconnaitre, abjurer leurs erreurs, et la tranquillité est retablie, de nouveau : cet important service fait la plus vive impression ; les Assemblées Coloniale et Provinciale réunies à la Municipalité du Cap, prennent le 17 Août, en commun, un arrêté pour voter à M. de Cambefort les remercimens les plus étendus, sur cette nouvelle preuve de son parfait dévouement à la chose publique.

Après avoir aussi constamment, et sous tous les rapports, mérité l'éloge et la confiance des Corps Populaires et de toutes les classes de citoyens, M. de Cambefort ne s'attendait pas moins que l'arrivée des nouveaux Commissaires serait le signal d'uue cabale formée pour sa déportation : ses pressentimens ne sont pas trompés : il voit l'empressement des chefs du parti Patriote auprès des Commissaires ; il est instruit de leurs calomnies, de leurs efforts ; il conçoit les malheurs qui doivent résulter de la rèunion de ce triumvirat aux chefs du parti républicain ; il ne se fait point illusion sur la faibiesse et l'incapacité du gouverneur ; il gèmit sur les maux qui menacent la Colonie ; il forme le projet de la quitter ne pouvant lui être utile, et de demander un congé pour la Gouadeloupe, ou est établie sa fortune.

quelles il ſerait procédé à la nomination des députés à une nouvelle Aſſemblée Coloniale, d'après les baſes preſcrites.

Mais

Les planteurs, colons, habitans et négocians les plus diſtingués apprennent cette réſolution ; ils en ſont conſternés ; ils lui addreſſent le 26 Septembre 1792, trois ſemaines avant ſa déportation, la prière de ne point abandonner la Colonie au ſort qui la menace ; ils lui repréſentent l'utilité, dont ſes lumières et ſon expérience doivent être à M. d'Eſparbès et aux officiers généraux qui l'ont accompagné : ils font plus : le 10 Octobre 1792, ils ſe réuniſſent au nombre de 212 ; ils ſignent une adreſſe aux miniſtres de la guerre et de la marine, dans la quelle ils expoſent, avec autant de force que de vérité, les ſervices eſſentiels rendus par M de Cambefort ; ils l'expédient, à l'inſçu de ce commandant, et réclametn en ſa faveur, la récompenſe militaire qui lui eſt légitiment due.

La requéte que les colons avaient adreſſée le 26 Septembre à M. de Cambefort le décide à ne point les abandonner : il ſe determine à garder ſon poſte, à vaincre les dégouts, les tribulations auxquels ſes ſervices ſoutenus l'expoſent de la part des factieux, et à braver les déſagremens que lui préſageaient l'incapacité du gouverneur et la marche naturelle des événemens, bien convaincu qu'il trouvera ſa récompenſe dans la ſatisfaction de s'être entirement livré a ſon devoir et dans la reconnaiſſance générale des vrais colons : il ſuit, en cela, l'invitation de M. de Fontanges, maréchal de camp, officier d'un mérite reconnu, aux talents, à la fermeté du quel toute la partie du l'Oueſt eſt redevable de ſa conſervation : alors les patriotes redoublent d'efforts, et parviennent, ainſi que je l'ai dit, à ſa déportation.

J'ai cru ces détails néceſſaires, pour déſabuſer les hommes eſtimables, qui ont pu être induits en erreur par les calomnies employées contre M. de Cambefort ; il eſt juſte, il eſt eſſentiel que ce chef ſoit connu ſous ſes veritables rapports : ſes talents, ſon expérience peuvent être de la plus grande utilité.

Mais ce n'était point l'intention des commiſſaires, en prononçant la diſſolution de l'Aſſemblée Coloniale, ils étaient bien déterminés à ne pas ſouffrir qu'elle fut jamais remplacée ; ils ſe contenterent de lui ſubſtituer, par une proclamation, du 12 Octobre, une commiſſion intermediaire compoſée de douze membres ; ils laiſſerent à l'Aſſemblée Coloniale le droit d'en choiſir ſix, bien convaincus que ce choix tomberait ſur des patriotes, à raiſon de leur prépondérance dans cette Aſſemblée et ſe réſerverent la nomination des ſix autres, qu'ils prirent dans la claſſe des affranchis.

Le prétexte de cet établiſſement fut la néceſſité d'un corps chargé de l'exécution des arrêtés de l'Aſſemblée Coloniale, juſqu'à la formation de celle qui ſerait choiſie par les Aſſemblées Primaires, d'après les diſpoſitions de la loi du 4 Avril 1792 ; le veritable motif était la précaution d'anéantir une Aſſemblée compoſée des répreſentans de la Colonie, dont les juſtes remontrances auraient mis un frein aux déportations aux proſcriptions méditées [1], et qui, mieux éclairée ſur ſes

---

[1] Ces déportations ne devaient pas ſe borner à M. de Cambefort, et autres principaux agens du pouvoir exécutif : le corps précieux des volontaires du Cap était vu avec peine par les patriotes, comme étant invariablement attaché aux principes du gouvernement monarchique ; Il était conſéquemment proſcrit.

Ce corps compoſé d'une partie de ce que les jeunes gens de la ville du Cap offraient d'hommes honnêtes, tant par leur éducation que par leurs principes, formait un bataillon, dont la diſcipline, l'obeiſſance aux chefs méritent les plus grands éloges : Compagnons d'armes du Régiment du Cap, les volontaires ont été conſtemment ſes émules, ont partagé avec lui les fatiguesde toutes les campagnes. Je n'entreprendrai point ſon éloge ; je me contenterai d'obſerver que, diviſé en deux détachemens, il à donné les preuves du plus grand zéle, l'un ſous le commandement de M. de Cambefort, l'autre ſous celui de M. de Touzard, colonel et lieutenant colonel du regiment du Cap. Dans la campagne du Limbé, ou le détachement de

ſe

droits, aurait exigé la convocation d'Assemblées Primaires, avant de consentir sa dissolution. [1]

Après

---

ce corps était commandé par M. Gauvain, il fit les actions les plus éclatantes de bravoure, principalement à l'attaque du poste le plus important ; il y perdit plusieurs de ses membres, et un grand nombre fut grièvement blessé.

Ce corps ne put voir, sans indignation, l'ostracisme se déployer contre M. de Cambefort ; le 19 Octobre il resta constamment sur la place d'armes, et se refusa à tous les ordres, qui lui furent donnés de marcher contre le régiment du Cap ; envain les patriotes entreprirent de les forcer à reconnaitre les ordres des commissaires ; les volontaires, au nombre de 80 seulement, imposerent à cette multitude, qui n'osa les attaquer : aussi les chefs de ce corps et leurs principaux officiers furent ils enveloppés dans la proscription qui suivit cette triste et mémorable journée.

[1] Aux termes de la loi du 4 Avril, les commissaires civils avaient le droit d'ordonner la dissolution de l'Assemblée coloniale ; mais puisque cette même loi prescrivait la convocation d'Assemblés Primaires, ou seraient admis tous les citoyens libres, pour élire les députés d'une nouvelle Assemblée Coloniale, les répresentans de la colonie devaient provoquer ces Assemblées Primaires, avant d'acquiescer à la cessation des pouvoirs qu'ils tenaient de leurs commettans ; ils ne devaient jamais consentir que de simples mandataires du pouvoir exécutif s'arrogeassent le droit de nommer les représentans, même provisoires, de la Colonie.

Ce conseil, donné à l'Assemblée Coloniale par plusieurs personnes estimables, ne fut malheureusement pas suivi. De ce moment les commissaires furent affranchis de toute surveillance ; car la commission intermediaire (composée de patriotes absolument à leur dévotion, des brigands Pinchinat et castaing, de trois autres mulâtres et du nègre libre la tortue) n'avait d'autre emploi que d'enrégistrer les ordres du triumvirat :

plusieurs

Après ces effrayantes déportations, [1] apres l'anéantissement de l'Assemblée Coloniale, et son remplacement par un simulacre de commission intérmediaire, entierement à leur dévotion, les commissaires ne trouvent plus aucun obstacle; ils rendent une proclamation, dans la quelle, après un étalage pompeux de leur conduite, ils annoncent que la déportation méritée des traitres, et des vrais ennemis de la Colonie [2] ne laisse plus d'inquiétudes sur la promte réduction des esclaves révoltés ; que les operations militaires étant dorénavant confiées à de vrais Patriotes, seront couronnées du succès ; et d'après ces promesses trompeuses, ils invitent les citoiens à l'effort généreux de contributions patriotiques propres à subvenir aux dépenses, à la pénurie du trésor public, dont les ressources sont épuisées par des engagements, et des anticipations.

Ces promesses paraissent faciles à réaliser ; le commandant

---

plusieurs des membres de cette commission, émanés de l'Assemblée Coloniale, voulurent exercer des droits plus étendus : àlors ils furent proscrits et remplacés par des individus plus dociles. De ce moment la commission intermédiaire est devenue le conseil privé des commissaires, la complice de tous leurs forfaits, ainsi que je le prouverai dans la suite : on ne pouvait pas attendre une autre coudnite de la part des vils individus, qui la composent actuellement.

[1] Lors de ces déportations, je vis un grand nombre de Patriotes très estimables, s'en féliciter ; je leur dis avec franchise, que je les regardais comme une preuve du projet concerté pour la ruine de la Colonie, et qu'avant deux mois, ils reconnaitraient la vérité de mon assertion ; ils ne crurent point à ma prophétie : quarante jours après, ils reconnurent qu'elle était fondée.

(2) MM. de Cambefort, Touzard, et autres, ont été déchargés d'accusation par la convention nationale ; je doute que les commissaires aient le même avantage, lorsque leurs forfaits seront connus,

dant de la partie du Nord devait guider les opérations militaires ; les commissaires le désignent pour remplacer, *par interim*, la place de gouverneur général : ils se croient en droit de lui en délivrer le brevet, et le lui remettent ; mais le caractére de ce commandant [1] ne pouvait leur convenir ; il leur fallait un homme dans leurs principes ; ils projettaient même la déportation volontaire, ou forcée, de la majeure partie des principaux officiers venus avec M. d'Esparbès ; leur dessein était de les remplacer par des hommes incapables, ou au moins à leur dévotion. [2]

Pour y parvenir, ils déclarent, sans détour, que la dictature, c'est à dire l'autorité souveraine leur est déléguée ; ils annoncent en suite à M. d'Hinnisdal, que ses deux collégues aiant, ainsi que lui, droit a remplir, par intérim, la place de gouverneur général, ils veulent éviter l'injustice, et les difficultés ; à cet effet, ils révoquent sa nomination, et font choix

---

(1) M. d'Hinnisdal, dont j'ai vu le brevet de gouverneur par intérim, avait formé, sur les instructions de MM. Cambefort, Touzard, et de Rouvray, un plan de campage, d'apres le quel la réduction des esclaves paraissait infallible ; ce qui n'était certainement pas le projet des Commissaires.

[2] M. d'Hinnisdal commandant de la partie du Nord déplaisait aux commissaires ; leur projet était de le rempla- par Etienne Laveaux, dont j'aurai occasion de parler souvent. Polvérel était l'ennemi de M. de Fézensac ; il avait été l'avocat d'une mauvais cause contre sa famille ; ses mémoires indécents avaient été supprimés comme faux, et calomnieux ; Sonthonax m'avait dit que le ministre avait eu tort de nommer quatre officiers supérieurs pour la colonie ; qu'il n'en fallait que trois ; & que M. de Fézensac étant le dernier nommé, il ne pouvait rester ; c'étoit déclarer que les commissaires trouveraient les moiens de lui faire demander son congé pour France. M. de la Salle commandant de l'Ouest leur parut d'un caractere trop faible, pour leur donner des inquiétudes.

choix d'un officier supérieur, dont le grade ne peut donner matiére à contestation. (1)

Une des fatalités attachées à la perte de la Colonie de Saint Domingue avait conduit au Cap le lieutenant général Rochambeau, nommé au gouvernement de la Martinique; (2) cet homme, créature de la Propagande, lié d'affection avec Polvérel & Sonthonax, nourri dans leurs principes, bas, Crapuleux, & féroce, leur parut digne de leur confiance, et propre à seconder leurs projets; ils lui proposérent le gouvernement de la colonie; son anéantissement en était le prix; il l'accepta. [3]

Après avoir, aussi positivement, assuré l'exércice de leur autorité suprême, les Commissaires annoncent, que, pour faire jouir toutes les parties de la colonie du bienfait de leur mission, il vont se séparer, pour se réunir, lorsqu'ils auront tout disposé

---

[1] Ces trois commandans avaient, effectivement, prétention au gouvernement, par intérim; mais, si les commissaires ne s'étaient pas arrogé le droit de nomination, les intérêts respectifs de ces commandants se feraient conciliés: d'ailleurs, M. d'Hinnisdal, pour trancher toutes difficultés, proposa aux commissaires de réunir au commandement général de la station, le gouvernement par intérim: cette proposition était sage; mais les commissaires n'avaient pas à espérer, de M de Cambys, la docilité, qu'ils attendaient du général Rochambeau.

[2] Personne n'ignore que le gouverneur, les commissaires, & les troupes envoiés aux iles du vent, n'ont, point été reçus dans ces colonies.

(3) Ce portrait n'est point éxagéré, ainsi que je le démontrerai par la suite; j'ai vu une lettre de Rochambeau à son ami Etienne Laveaux, écrite de la martinique, ou il se félicite de l'effroi, qu'a causé, à son débarquement dans cette colonie, son air, dur et féroce. Jamais gouverneur n'a fait trophée d'une pareille réception.

pour assurer le retour certain de la paix, de l'union et de la tranquillité ; Polvérel, et son collégue Ailhaud partent, l'un pour rester dans l'Ouest, l'autre pour se rendre dans la partie du Sud ; Sonthonax garde la partie du Nord, pour y suivre les opérations convenues entre Polverel, & lui. [1]

Deux jours après cette séparation, le directeur des finances Pouget se présente à la commission intermédiaire ; il y expose l'urgence des besoins, leur étendue, la faiblesse et l'insuffisance des ressources, qu'on peut se promettre des contributions patriotiques provoquées par la proclamation des trois Commissaires ; il demande que la commission se concerte avec lui, en présence, et sous les auspices de Sonthonax, pour l'adoption de mesures plus efficaces, et déclare que, si ce parti n'est point adopté, il est hors d'état de subvenir aux dépenses, qu'exigeront les opérations projettées pour la promte réduction des esclaves.

Sur cette invitation, la commission, (après avoir reconnu que, par son Institution, elle ne peut exercer aucun acte du pouvoir législatif, qu'elle n'a d'autre droit que de suivre l'exécutiondes arrêtés de l'Assemblée Coloniale ,approuvés par le gouverneur,) prend la parti de suivre la base adoptée par l'Assemblée Coloniale, pour le subside du quart des reveaus fonciers et mobiliers, à titre d'emprunt forcé portant intérêt. [2]

L'Assemblée

---

[1] M. Ailhaud, troisiéme Commissaire, n'avait aucune influence dans les délibérations de ses collégues qui ne lui faisaient pas même l'honneur de le consulter. Cet homme honnête, mais faible, connaissait leurs projets destructeurs ; il n'avait pas le courage de s'y opposer, et il était déja determiné a quitter son poste. Combien il doit regretter de n'avoir pas démasqué ces scélérats, et de ne s'être pas mis à la tête des colons pour les expulser de la Colonie !

(2) J'avais remis à l'Assemblée Coloniale des observations très étendues sur les moiens les moins onéreux de subvenir à la pénurie des recetres ordinaires : cette Assemblée m'avait invité

L'Assemblée Coloniale, avait inutillement, présenté son arrêté, pour la nature de ce subside à l'approbation de M. de Blanchelande ; il l'avait refusée, par le motif que les hommes de couleur, et négres libres, non représentés dans cette Assemblée, ne pouvaient être assujettis à une contribution, qui exigeait le consentement de toutes les classes de citoyens. Elle l'avait soumis de nouveau à l'approbation de M. d'Esparbès ; et pour éviter un second refus, elle avait stipulé l'exemption en faveur des citoiens non représentés.

Cette modification fut sans succès ; M d'Esparbès la regarda comme injurieuse aux hommes de couleur, et nègres libres ; et se persuadant que les Commissaires ne différeraient pas l'exécution de la loi du 4 Avril, qu'ainsi la convocation et la formation d'une Assemblée Coloniale, dans les principes de cette loi, ne pouvaient éprouver de longs retards, il refusa son approbation. [1]

La commission, *illégale sous tous les rapports* [2] n'avait pas au

---

vité de les concerter avec son comité des finances ; la commission m'engagea à me rendre dans son sein, pour l'aider à se décider sur le choix, et le mode d'éxecution, les plus sages, et les plus justes.

[1] M. d'Esparbès avait mis son approbation au bas de l'arrêté, lorsque le mulatre Montbrun, son aide de camp, lui fit observer que l'exception indignerait les hommes de couleur, et lui fit biffer son approbation.

[2] L'illégalité de cette commission est évidente et toutes ses opérations doivent être regardées comme nulles, en ce qui ne concerne point l'Exécution des arrêtés de l'Assemblée Coloniale : en effet 1°. les commissaires n'ont jamais reçu le droit de nommer les représentants de la colonie, même provissoirement--2°. de quel droit ont ils pu décider que les mulâtres, & négres libres devaient figurer dans les corps populaires, en nombre égal avec les blancs, dont les fortunes, et la population étaient fort supérieures ?

au moins le vice, qui avait déterminé les refus d'approbation des gouverneurs ; elle crut donc pouvoir éxécuter l'arrêté de l'Assemblée Coloniale, avec le vœu des nouveaux citoiens, en subordonnant néantmoins son arrêté à l'approbation du gouverneur per intérim ; mais elle s'appliqua à déterminer très clairement, la nature du subside, le mode de sa perception, celui du remboursement ; l'emploi des fonds en provenants, la comptabilité séparée de celle des recettes ordinaires, à l'insuffisance des qu'elles ce subside extraordinaire devait subvenir ; en même tems elle prit les mésures, convenables pour mettre un terme aux contributions locales, et diverses, que les besoins avaient forcé d'établir dans les différentes Municiplités, et déclara que les dons patriotiques, qui seraient fournis en vertu de la proclamation des commissaires, seraient pris en compensation du subside, à l'égard de ceux qui le désireraient ; enfin, elle détermina que son arrêté serait, sans délai, envoié à l'Assemblée Nationale, pour obtenir sa sanction et autoriser le subside, qui serait, par la suite, affecté au renboursement du prêt extraordinaire à titre d'emprunt, portant intétérêt, à 5 pour cent, sans retenue (1)

Les dispositions de cet arrêté, commandé par la loi impérieuse de la nécessité, étaient justes et sages ; elles auraient suffi pour faire excuser l'illégalite de la commission, si elles eussent été fidélement, et generalement éxécutées ; elles mettaient un frein aux dilapidations des commissaires, aux quels les sacrifices ne coutaient rien pour assouvir la cupidité de

---

[1] J'ai été chargé de la rédaction de cet arreté : je ne me dissimulai pas l'étendue des ressources, quil assurait à l'Administration ; mais la faiblesse du directeur des finances, Pouget, entierement asservi aux volontés du commissaire Sonthonax, m'était connue ; je pensai donc qu'il était indispensable de ne point lui laisser la libre disposition de ce subside ; en conséquence, son emploi fut spécialement déterminé ; et le directeur des finances fut assujetti à mettre en tête de ses demandes, l'état des recettes ordinaires, et des dépenses nécessaires, a fin que la délivrance des fonds de la caisse de l'extraordinaire fut, constamment, proportionnelle à l'insuffisance des recettes ordinaires, et non, au delà.

de leurs créatures, ce qui ne pouvait leur etre agréable : elles rétablissaient l'ordre et la clarté dans l'Administration des finances, ce qui n'était certainement pas le projet de Polverel et Sonthonax, qui ne cherchaient, que les moiens d'avoir à leur disposition les ressources les plus étendues.

Quoiqu'il en soit, après la rédaction de l'arrêté, il fut question de mettre la perception en activité ; mais elle ne pouvait commencer qu'après l'approbation du général Rochambeau, pour lors occupé à l'expédition, dont je vais incessamment parler ; il était facile de lui envoyer cet arrêté par un des membres de la commission, pour obtenir son approbation ; des vues profondes firent négliger, et même regarder cette formalité comme inutile.

Les commissaires, ainsi que je lai démontré, s'étaient, habilement, emparé de toutes les branches de l'autorité absolue ; ils s'etaient même, arrogé le droit de nommer un gouverneur, sans s'assujettir à l'ordre établi dans l'exercice du pouvoir militaire ; mais ils avoient conservé une ombre de déférence pour le gouverneur général, qui, seul, avait, aux termes des décrets et des instructions, le droit d'approbation des arrêtés de l'Assemblée Coloniale : les commissaires étaient jaloux de la puissance dictatoriale ; il était essentiel, pour eux, de s'emparer de ce droit.

A cet effet, Sonthonax employe l'intervention du directeur général Pouget, proscrit, persecuté par le fatal club ; sa complaisance pour les commissaires civils, sa deférence absolue à leurs volontés, étaient les seuls moiens de le soustraite à la déportation, qu'il redoutait ; il se résolut à jouer ce role humiliant. Sonthonax, pour premiere preuve de sa docilité, exige qu'il le serve dans le projet formé de s'emparer du droit d'approbation. La chose était difficile : enfin, après mure délibération, il est convenu que le directeur des finances exposera avec force, à la commission intermediaire, la nécessité de mettre, sans retard, la perception en activité, et pour cet effet, de soumettre l'arreté à l'approbation de Sonthonax, en l'absence du Gouverneur, par interim.

La proposition est faite ; elle n'éprouve aucune difficulté : la commission intermediaire, (composée de patriotes et d'affranchis

franchis, tous a le devotion des commissaires, et persuadés qu'ils ne peuvent donner trop d'étendue à la puissance des dictateurs,) soumet l'arreté à l'approbation de Sonthonax ; et ce commissaire s'empresse de s'emparer de ce droit, exclusivement attribué au gouverneur général.

Cet envahissement de l'autorité attribuée par la constitution au Monarque, et a ses représentants, devait, naturellement, etre réprimé par le gouverneur ; d'ailleurs, l'approbation de Sonthonax était notoirement, insufftsante pour la perception générale du subside dans toute l'étendue de la colonie : il était, en effet, évident que l'approbation de ce membre du Triumvirat, ne pouvait lier ses deux collégues, et que s'ils refusaient la leur, l'arreté ne pouvait être éxécuté ; on ne pouvait donc commencer la perception, sans le consentement du gouverneur Rochambeau ; et celui de Sonthonax était conséquemment inutile.

Cette difficulté n'était pas facile à résoudre ; [1] l'arrivée de M. de Rochambeau la fait cesser ; mais ce gouverneur reconnait l'autorité suprême des dictateurs, et se contente de mettre son approbation à la suite de celle de Sonthonax, au risque de voir les droits du gouverneur compromis, s'il plait aux deux autres dictateurs de ne pas déférer à l'opinion de leur collégue. Cest ainsi que cet homme vil et crapuleux dégrade son caractére, et prouve, irrésistiblement, l'accord fait entre lui, et les commissaires, lors de sa nomination au gouvernement général par intérim.

Ces manœuvres habiles de Sonthonax avaient un double motif ; à la vérité, il etait essentiellement utile aux projets des commissaires, que le gouverneur général ne fut que l'agent passif de leurs volontés, qu'il ne put éxercer aucun des droits du

---

[1] Je fis cette observatiou sans réplique, à fin d'avoir le tems d'attendre le retour du gouverneur Rschambeau, sans l'approbation du quel je déclarai que la perception ne pouvait étre mise en activité

du représentant du Roi ; et l'usurpation du droit d'approbation mettait le comble à leur autorité suprême ; mais il n'était pas moins important pour eux, d'avoir à leur disposition, la masse des ressources, qu'offraient la générosité, le zéle des colons, pour suppléer à la pénurie du trésor public.

L'arreté portant établissement de la subvention, en assurait de positives, & d'une très grande étendue ; mais la prudence des rédacteurs de cet arreté avait pris toutes les mésures capables d'assurer le bon emploi de ce subside, et Sonthonax n'avait osé contredire ces précautions. en s'attribuant le droit d'approbation, il donnait à son collégue Polvérel celui de refuser, dans les parties de l'Ouest et du Sud, l'exécution de cet arreté, et d'y substituer un genre d'imposition, dont le produit, soustrait à l'inspection de la commission intermédiaire, et versé dans le trésor public, serait à leur disposition ; le plan n'était pas difficile à pénetrer : pour le faire échouer, on propose d'attendre le consentement de Polvérel, pour mettre la perception en activité [1].

Sonthonax fait alors renouveller, par le directeur Pouget, l'exposé des besoins urgents, le danger d'un retard dans la perception, la nécessité de la commencer dans la partie du Nord ; la commission est forcée de s'y conformer.

Enfin la perception est ordonée le 24 Novembre, pour commencer, au cap, le 27 du même mois, et Sonthonax assure qu'il ne doute point de l'acquiescement de son collegue, au qu'el il dit avoir envoié, depuis huit jours, l'arrété portant établissement de ce subside extraordinaire.

son

---

(1) Je pressentais le reffus de Polvérel, et je désirais que ses intentions fussent connues, avant d'ordonner la perception ; mais Sonthonax sentit le danger de cette conduite circonspecte ; en consequence, il détermina la publication de l'arrêté pour le 24 Novembre, et la perception pour le 27 : je désirais qu'elle ne commençat que le 1 Janvier 1793, mais sous un mode uniforme dans toute la colonie.

Cependant Polvérel joue l'étonnement ; il blâme son ami, son collégue ; il n'a point d'égard à l'approbation du gouverneur ; il déclare que l'assemblée Coloniale, encore moins la commission intermédiaire, (qui doit ne se considérer, que comme le conseil privé des commissaires) n'a point le droit de voter, et d'établir des subsides ; que c'est méconnaitre la souverainet de l'Assemblée Nationale ; que la commission civile ne peut même s'arroger cette autorité sans se rendre criminelle ; en conséquence, il deffend la perception dans les parties de l'Ouest & du Sud, nonobstant les ordres, et l'approbation du gouverneur. [1]

En même tems il annonce, que les besoins du trésor public étant connus, il est nécessaire que chaque communauté, ou municipalité s'impose une contribution gratuite, proportionnelle à ses facultés, et prenne les mesures convenables, pour que la répartition en soit faite avec équité, que le recouvrement en soit assuré, et versé, à des époques déterminées, dans la caisse du trésor de la colonie. [2]

C'était, évidemment, un subside gratuit, & forcé que Polvérel substituait, sous le nom de don patriotique, à un subside à titre d'emprunt, portant intéret à 5 pour cent, sans retenues ; mais cet astucieux commissaire y trouvait l'avan-

---

(1) Mon avis fut de ne point avoir égard aux défenses de Polverel, et de faire ordonner la perception générale, en vertu des ordres du gouverneur, qui, seul, avait le droit d'approbation des arrêtes de la commission intermédiaire.

(2) Les proclamations de Polvérel étaient évidemment concertées avec Sonthonax, ainsi que je l'ai précédemment exposé : ces deux mandataires du pouvoirexécutif destinaient les produits de la subvention à toutes les dépenses de l'administration, et voulaient se réserver pour leurs depenses secrettes et personnelles, la plaine & entiére disposition des revenus ordinaires, & des contributions, qu'ils voulaient établir dans l'Ouest & le Sud, sous le nom de dons patriotiques.

tage de ne point être ſurveillé dans l'emploi du produit des contributions extraordinaires de l'Oueſt et du Sud, tandis qu'il n'aurait pu diſpoſer de celui de la ſubvention : la moindre réflexion aurait éclairé les colons de ces parties ſur leurs véritables intérêts. pour les prévenir, Polvérel leur perſuade que leurs dons patriotiques n'excéderont pas leurs beſoins perſonnels, qu'ils ſeront, conſéquemment, fort inférieurs à la perception de la ſubvention, deſtinée pour les beſoins généraux de la colonie. [1]

Il ſéduit, et ſa propoſition eſt généralement applaudie ; mais l'illuſion eſt bientot détruite : les perceptions, et cottiſations ne répondent point aux eſperances de Polvérel : il y ſubſtitue, de ſa ſeule autorité, une contribution forcée qu'il répartit arbitrairement ; dont le taux eſt une ſurcharge effrayante ; dont la perception eſt vexatoire ; dont le produit s'évanouit par les déprédatations ; les colons ſont réduits à des regrets ſtériles ſur la confiance aveugle accordée à cet infame ſéducteur. [2]

Cependant

---

[1] Le produit eſtimatif de la ſubvention, ou du ſubſide extraordinaire a titre d'emprunt forcé, était evalué a 30 millions net ; dont 8 millions, pour la partie du Nord, ruinée preſqu'en totalité par la révolte des eſclaves ; 6 millions, pour la partie du Sud, en partie, dévaſtée ; & 16 millions, pour la partie de l'Oueſt, ou les dommages étaient moins conſidérables : les troupes étaient principalement employées dans la partie du Nord ; ainſi le produit de la ſubvention de l'Oueſt et du Sud, devaient, en grande partie, ſervir à la réduction des eſclaves de la partie du Nord ; ce qui était juſte ; puiſque, la tranquillité rétablie dans cette partie, celles de l'Oueſt et du Sud auraient été promptement pacifiées ; Polverel était donc criminel, en voulant n'exiger de l'Oueſt, et du Sud, que des contributions proportionnelles à la dépenſe du petit nombre de troupes emploiées dans ces parties ; car ce mode enlevait les reſſources indiſpenſables a la partie du Nord, de la tranquillité de la quelle dépendait le ſalut de la colonie.

[2] Cette prétendue contribution patriotique a été convertie

Cependant les proclamations de Polverel arrivent au Cap ; la commiſſion intermédiaire, et le directeur des finances Pouget s'aſſemblent chès le commiſſaire Sonthonax ; il s'agit de déterminer le parti qui ſera pris ; il ne devait pas être incertain ; l'approbation du gouverneur ſuffiſait pour autoriſer la perception générale : la propoſition en eſt faite ; Sonthonax la fait rejetter : il eſt décidé que la perception continuera dans la partie du Nord, et que les proclamations de Polvérel ſeront éxécutées dans les parties de l'Oueſt, et du Sud.

Telles ſont les manœuvres, par leſquelles ces deux monſtres parviennent à l'uſurpation abſolue de l'autorité ſouveraine ; de ce moment, ils gouvernent deſpotiquement, arbitrairement, ſuivant leurs vues, & leurs intérêts perſonnels, les diverſes parties de la colonie.

Cette démarche hardie n'éprouve aucun obſtacle : Rochambeau l'approuve ; il n'avait ambitionné le gouvernement par intérim, que pour conférer tous les pouvoirs à ces deux agents de la Propagande, et mettre ceux, qui ſeraient nommés pour le remplacer, dans l'impuiſſance de réſiſter à leurs volontés.

Sa conduite, dans les opérations militaires, confirme authentiquement l'union, qui ſubſiſte entre lui, et les commiſſaires. Déja Polvérel & Sonthonax, ſous un prétexte mal fondé, avaient écarté du commandement deux officiers généraux, habitants de la colonie, intéreſſés a ſa converſation et précieux pour la promte réduction des eſclaves révoltés ; ces

---

vertie, par Polvérel, en une contribution forcée, et gratuite, du quart des productions exportées ; la ſubvention ne revenait qu'au ſixieme de la valeur des productions et le paiement n'était qu'a titre de prèt portatant intérêt, et tranſmiſſible, pour acquit des dettes anterieures au 1 Novembre 1792 : qu'on juge de la modération du ſatrape Polvérel ?

(2) ces officiers, le colonel, et le lieutenant colonel du régiment du Cap, et plusieurs habitants, éclairés sur les connaissances des localités, avaient remis à M. d'Hinnisdal commandant de la partie du Nord tous les renseignements propres à assurer le succès de ses opérations, et ce commandant avait formé un plan de campagne, dont la reussite n'était pas problématique: l'espoir faisait oublier les maux antécédents, et Sonthonax trémissait de le voir prêt à se realiser ; il concerte, avec Rochambeau, la déportation de M. d'Hinnisdal ; mais il veulent éviter une contrainte, une violence, qui serait sans motif et sans excuse.

Pour y parvenir, Rochambeau affecte la méfiance la plus outragante pour M. d'Hinisdal ; il veut le réduire à la nullité

---

[2] MM. de Rouvray et de Fontanges, colons riches, et estimables, Maréchaux de camp, jouissant d'une confiance et d'une réputation méritées, avaient le commandement particulier des troupes employées contre les revoltés de la partie du Nord ; ces deux militaires avaient le plus grand intérêt à la promte réduction des esclaves : ce motif détermina Sonthonax et Polvérel à les priver de leur commandement ; mais il fallait un prétexte pour ne point exciter les justes plaintes des colons, qui voiaient, avec peine, l'inactivité de ces deux chefs ; ils en choisirent un fort extraordinaire.

Lorsqu'il fut question de nommer de nouveaux commissaires, un gouverneur, et des commandants pour Saint Domingue, les philantrophes cabalérent pour faire participer les mulâtres à ces nominations ; les colons, pour rompre ces cabales, firent faire une motion tendante a ce que le pouvoir éxécutif, pour cette fois seulement, ne put nommer des propriétaires dans la colonie : c'etait le moien d'exclure les hommes de couleur de ces nominations ; le décret fut conforme à la motion. Il est facile de reconnaitre que ce décret ne concernait que les nominations du pouvoir exécutif, et non les services personnels des colons etant dans la colonie ; mais les commissaires l'appliquérent á MM. de Fontange et de Rouvray.

lité ; & les choſes ſont pouſſées au point, que ce commandant, pour ne point s'avilir, eſt forcé de demander ſon congé pour France : Sonthonax & Rochambeau y conſentent ; Etienne Laveaux lieutenant colonel des dragons d'Orléans, le remplace ; c'était le perſonnage, ſur l'appui du quel les commiſſaires fondaient leurs plus grandes eſperances.

Après la retraite de M. d'Hinniſdal, Rochambeau muni du plan concerté par ce commandant, part pour le fort Dauphin, il entre en campagne ; les révoltés fuient de tous cotés ; la priſe d'Ouanaminthe promet le ſuccès le plus complet ; tout á coup il arréte le cours de ſes operations, revient au fort Dauphin, y paſſe dix jours dans le repos ; arrive au Cap, ſans autre fruit de cette brillante expédition que de prouver aux colons la facilité de la réduction des eſclaves révoltés ; de démontrer, aux moins clairvoiants, le deſſein formel de les ménager. de diſpoſer les eſclaves à recevoir favorablement les propoſitions que les commiſſaires doivent leur faire, lorsqu'il ſera queſtion de la conſommation du grand œuvre, c'eſt á dire de l'affranchiſſement. [1]

Ce retour de Rochambeau, cette interruption de campagne, conſternent les habitants ; un grand nombre reconnait le mal des déportations du 19 Octobre, et du départ de M d'Hinniſdal ; les patriotes eſpérent encore, mais faiblement ; le tems approchait, ou les commiſſaires devaient procéder à l'affaibliſſement de ce parti, et donner toute la prépondérance

[1] Il eſt conſtant que la Campagne de Rochambeau n'avait été conſentie, que pour maintenir la confiance, que les patriotes avaient dans les commiſſaires, et non, pour opérer la réduction des eſclaves. on verra la même ſcéne ſe reproduire ſous Etienne Laveaux, dans les mois de Janvier et Avril ; ces ſimulacres d'attaque n'avaient d'autre objet, que de mettre les commiſſaires en état de dire hautement, et avec impudence, que la réduction des eſclaves était démontrée impratiquable et que le ſeul moien à employer, pour le retour de la tranquillité, était de leur acorder la liberté, et de s'en faire une force armée, pour la conquête de la partie eſpagnolle;

pondérance aux hommes de couleur : les nouvelles manœuvres employées par Sonthonax et Polvérel, pour y parvenir, feront la matiére de ma lettre subséquente.

Mais, avant de passer au récit des persécutions éxercées contre les patriotes [1], je dois observer que le triumvirat envoié pour là ruine absolue de la colonie, fut bientot réduit aux deux scélérats Polvérel et Sonthonax.

En effet, leur collégue Ailhaud, qui avait quitté le Cap, avec Polvérel, pour se rendre à Saint Marc, et delà, dans la partie du Sud, reconnaissant que son séjour dans la colonie le rendrait le complice de tous les forfaits médités par Polvérel et Sonthonax, et que ses efforts ne pourraient les prévenir, prit le parti d'abandonner son poste, et de retourner en France : alors Polvérel joignit à son empire, la partie du Sud ; et, de ce moment, la colonie fut rangée sous deux dominations distinctes, et séparées.

La

[1] Sonthonax avait déféré avec plaisir, aux dénonciations du Club, qui privaient la Colonie de ses plus zélés défenseurs, tant que l'affaiblissement des partisans du gouvernement avait été favorable à ses projets ; mais ces dénonciations et proscriptions se multipliant à l'excès, dans le moment ou il voulait ménager les restes du parti du gouvernement, pour faciliter les vexations, qu'il méditait contre les patriotes, il voulut en faire tomber l'odieux sur la commission intermédiaire.

A cet effet, il lui adressa une liste imprimée des proscriptions du Club, en l'invitant à déclarer, si les personnes y dénommées avaient perdu la confiance publique ; la commission vit le piége, et se contenta d'indiquer le directeur des finances Pouget, comme un homme justement dénoncé. Sonthonax mécontent de cette déclaration, protégea Pouget, effectua les déportations, qui lui parurent utiles a ses vues, et fit tous les préparatifs nécessaires, pour faire disparaitre, de la commission, ceux de ses membres, qui refusaient de déférer aveuglément à ses caprices, & à ses volontés.

La partie du Nord formant environ les deux cinquiémes, ſut gouvernée par Sonthonax ; les parties de l'Oueſt et du Sud, moins endommagées, mais preſqu'au pouvoir des mulâtres, et formant les trois cinquiemes, composerent la domination de Polvérel.

La conduite de ce deſpote, y fut la même, que celle de Sonthonax dans la partie du Nord ; amitié, confiance dans les hommes de couleur, négres libres, et chefs d'eſclaves ; protection, bienveillance pour les corps populaires, et les patriotes : encouragement des clubs, et des denonciations ; perſécutions proſcriptions des perſonnes attachées a l'ancienne forme de governement ; tels furent les moiens emploiés par Polvérel dans l'Oueſt & le Sud, pour l'affaibliſſement du parti Ariſtocrate, dans la meſure néceſſaire à ſes projets ultérieurs ; les choſes amenées à ce point, ſes perſécutions ſe dirigérent contre les patriotes, ainſi que je le juſtifierai dans ma lettre ſubſéquente.

Je ſuis &c. &c.

HUITIEME

www.ingramcontent.com/pod-product-compliance
Ingram Content Group UK Ltd.
Pitfield, Milton Keynes, MK11 3LW, UK
UKHW022129190726
13855UKWH00003B/1081

9 782013 43495